BIBLIOTECA DE LA SALUD

Mi hijo se distrae en la escuela

Mitos y realidades sobre el déficit de la atención

Mi hijo se distrae en la escuela

Mitos y realidades sobre el déficit de la atención

Dr. DAVID B. STEIN

Grijalbo

MI HIJO SE DISTRAE EN LA ESCUELA
Mitos y verdades sobre el déficit de la atención

Título original en inglés: *Unraveling the ADD/ADHD Fiasco*

Primera edición, 2004

© 2004, Dr. David B. Stein

Traducción de Eva Cecilia Mora

D.R. © 2004, Random House Mondadori, S.A. de C.V.
    Av. Homero No. 544, Col. Chapultepec Morales,
    Del. Miguel Hidalgo, C.P. 11570, México, D.F.

www.randomhousemondadori.com.mx

ISBN 970-05-1742-X

Impreso en México / *Printed in Mexico*

Índice

Prólogo

JOHN K. ROSEMOND

Por casi dos décadas he sido testigo de una oscura tendencia —me atrevería a llamarla malévola— en psicología y psiquiatría. He observado, muchas veces con incredulidad, cómo miembros de estas dos respetadas profesiones vendieron masivamente al público norteamericano dos enfermedades inexistentes, el Trastorno de Déficit de Atención (TDA) y el Trastorno de Déficit de Atención e Hiperactividad (TDAH). El éxito de este esfuerzo de propaganda ha resultado en la victimación de millones de padres y niños. Más grave aún ha sido el aumento de las anfetaminas —conocidas en la calle como "speed"— para legitimar el status, al ser utilizadas en el supuesto tratamiento de niños que han recibido este diagnóstico. Aún peor es el hecho de que muchos, si no es que la mayoría, de los padres de estos niños están realmente convencidos de que la naturaleza de la "enfermedad" que sus niños supuestamente tienen requiere el uso de estas peligrosas drogas, suministradas frecuentemente en dosis que satisfarían a un adicto callejero.

A mediados de los ochenta empecé a notar que más y más niños, que eran claramente indisciplinados, estaban siendo diagnosticados como TDAH. Escribí una columna en un periódico expresando mi alarma y mi idea de que la epidemia de niños con periodos de atención alarmantemente cortos (lo cual no está en debate) era el resultado de prácticas de crianza impuestas al público norteamericano por los profesionales de la salud mental. Es más que irónico que los consejos para crianza de los niños de psicólogos y otros sabelotodos profesionales ha resultado en una generación de niños con un pobre control de sí mismos, y que los padres norteamericanos han sido persuadidos de que sus hijos sólo pueden ser salvados yendo con los mismos que les dieron estos consejos erróneos. En 1987, se nos dijo que aproximadamente el 3 por ciento de los niños padecían TDA/TDAH. Hoy alrededor del 10 por ciento de los niños —más de dos millones— han recibido este diagnóstico. Éste es un testimonio del poder de la más insincera religión secular jamás concebida: la psicología.

¿Cómo se las arreglaron los psicólogos y psiquiatras para convencer a médicos, educadores, legisladores y padres de que estas drogas eran la única esperanza para sus hijos miserablemente enfermos? ¿Por qué la comunidad de psicólogos se ha resistido a recomendar los poderosos tratamientos conductuales del tipo de los que el Dr. David Stein aconseja en este libro? ¿Podría ser que los psicólogos y otros profesionales de la salud mental en boga se han dado cuenta de que al admitir los hechos, que:

- TDA/TDAH no califica como enfermedad; y
- poderosos métodos conductuales (conocidos comúnmente como "disciplina efectiva") han probado ser más valiosos que las drogas en el tratamiento de los niños en cuestión;

sus niveles de vida sufrirían considerablemente? ¿Podría ser que éstos, supuestamente dedicados defensores de los mentalmente enfermos, estuvieran motivados principalmente por el todopoderoso dólar? Se dice que no es así, pero todo indica que así es. Los profesionales que han apostado todo al TDA/TDAH harán cualquier cosa para suprimir la verdad y continuar cobrando las recompensas por su altamente sofisticado arte de la estafa, cuya descripción se concentra en una palabra: psicocharlatanería.

Mientras tanto, he esperado que alguien se adelante y haga algo significativo y sustancial en relación con este problema —para verdaderamente venir en auxilio de estos niños y sus familias. ¡Al fin mi fe ha sido recompensada! El Dr. David Stein —nada menos que un psicólogo— ha escrito un libro que desacredita la mitología detrás de la mercadotecnia del TDA/TDAH. Pero no se detiene ahí. También ofrece alternativas que realmente funcionan. El Dr. David es miembro de un equipo de profesionales que contestan a las preguntas de padres en mi página web: www.rosemond.com. Una y otra vez he leído los testimonios de los padres a los que ha ayudado. Que el Dr. David, como se le conoce, es capaz de "curar" a los niños TDA/TDAH a través del Internet, es prueba irrefutable de que estos desórdenes no son enfermedades que requieren tratamiento médico y, aún más, que una buena disciplina a la antigua, del tipo que una vez bendecía las vidas de casi todos los niños norteamericanos (antes de que nos convirtiéramos en una "sociedad psicológica"), es algo poderoso que aún funciona. Ayudó a hacer fuerte a Norteamérica, puede rescatarla del precipicio. Aún hay tiempo.

Padres, si quieren datos reales y ayuda real, entonces este libro es para ustedes. No tomen este libro a la ligera. Me atrajo primero el libro anterior del Dr. Stein: *Ritalín no es la respuesta: Programa práctico, sin medicamentos, para niños diagnosticados con TDA/TDAH*. Lo que planteaba me pareció sensato, pero hizo falta que un pediatra amigo mío sometiera el programa del Dr. David a rigurosas pruebas clínicas para convencerme de que el Programa de Habilidades para Cuidadores (Caregiver's Skill Program, CSP) realmente funciona. Este libro retoma donde se quedó *Ritalín no es la respuesta*.

El libro no pretende ser un milagro. El Dr. David deja muy en claro que si usted realmente desea que su niño se beneficie, se tendrá que arremangar y trabajar duro como padre. En corto, si quiere que el Programa de Cuidadores de David funcione, tendrá que ¡trabajar, trabajar y trabajar en ello!

Si lo hace, empezará a ver mejoras en dos semanas, y si continúa trabajando, trabajando y trabajando, deberá ver una mejoría dramática —lo digo de nuevo: DRAMÁTICA— en cuatro semanas. Todo logrado sin medicamentos. De hecho, como señala el Dr. David, las drogas y medicamentos no ayudan a avanzar la rehabilitación de un niño impulsivo. La impiden.

Este libro ha empezado a renovar mi fe en la profesión de la psicología. No en su actual estado, sino en un sentido de esperanza. Específicamente, espero que más y más psicólogos se inspiren en el trabajo del Dr. David para unirse a esta revolución psico-herética. Hablando como alguien que ha sido un psico-hereje por más de veinte años, es la única forma de vivir. Como yo, el Dr. David es capaz de dormir tranquilamente cada noche.

Si le interesa hablar directamente con el Dr. David, ya sabe dónde encontrarlo.

JOHN K. ROSEMOND, M.S.

Es psicólogo, autor de diez best-sellers sobre paternidad, columnista para varias publicaciones, esposo por 33 años, padre de dos hijos adultos y abuelo de cuatro salvajes y maravillosos niños y una dulce niñita.

Prólogo

S. DuBose Ravenal, M.D., F.A.A.P.

Como pediatra practicante, con un fuerte interés y participación en temas conductuales, descubrí que el libro anterior del Dr. Stein, *Ritalín no es la respuesta*, era un recurso fascinante y de gran ayuda. Me topé con el título en el proceso de tratar de descifrar los numerosos aspectos confusos que enfrentamos al manejar niños con comportamiento de TDA/TDAH; inicialmente sentí curiosidad, aunque con cierto escepticismo, ya que lo que escribe desafía mucho de lo que se ha aceptado, de entrada, como un hecho en el manejo de TDAH. Ya que las ideas y argumentos expresados en el libro anterior son tan intuitivamente lógicas en relación con el manejo conductual de este síndrome, cautelosamente empecé a presentar esta perspectiva a ciertos padres que se resistían a recurrir a drogas estimulantes para manejar los problemas de conducta de sus hijos. Cuando varios niños con características de TDA de acuerdo con los criterios del DSM-IV respondieron bien, mi interés aumentó. Posteriores lecturas y la comunicación con el Dr. Stein alimentaron mi creencia de que el enfoque de CSP es válido y que muchos de los que tienen comportamientos de TDA/TDAH pueden ser manejados efectivamente sin necesidad de utilizar medicamentos estimulantes.

Desentrañando el fiasco del TDA/TDAH es un complemento bienvenido a *Ritalín no es la respuesta* y ofrece varias adiciones significativas a un enfoque que muchos padres están dispuestos a acoger en la medida en que la controversia y la confusión aumentan, tanto en la comunidad lega como en la de los profesionales. Habiendo tenido la oportunidad de sostener un diálogo extenso con el Dr. Stein, así como de aplicar su propuesta con un creciente número de familias que enfrentan cuestiones relacionadas con TDA/TDAH, estoy convencido de que muchos de sus argumentos que cuestionan la "sabiduría" convencional en relación a TDA/TDAH, son verdaderos y justifican que se les considere con seriedad. Habiendo aplicado con éxito la propuesta del Dr. Stein, actualmente estoy convencido de que muchos supuestos sostenidos ampliamente no son verdaderos. Estos supuestos incluyen el que el TDA/TDAH es una enfermedad o es causado por una anormalidad física o química; que una medicación con estimulantes debería ser el soporte fundamental de una forma efectiva de manejar a largo plazo el TDAH; y que las actualmente populares técnicas de manejo conductual basadas en refuerzos materiales y que proporcionan excesiva estructura externa (listas, recordatorios, manipulación ambiental y economías de fichas), contribuyen a un manejo efectivo. Ahora sé, por el enfoque manejado por el Dr. Stein, que de hecho hay una forma mejor de hacerlo.

Las aportaciones a *Ritalín no es la respuesta* que encontramos en *Desentrañando el fiasco del TDA/TDAH*, que vale la pena señalar y recomendar, incluyen:

- El capítulo sobre la definición de enfermedad y sus implicaciones para la concepción de la naturaleza básica del TDA/TDAH, da qué pensar.
- El capítulo sobre la definición y aplicación del Tiempo Fuera, incluye diversas diferencias útiles en relación con la forma en que el Tiempo Fuera es frecuentemente concebido o aplicado.
- Lo que expone sobre prácticas de crianza efectivas, con énfasis en el refuerzo social y las relaciones de crianza padre-hijo, es bienvenido y proporciona un rico equilibrio.

En conclusión, el Dr. Stein debe ser reconocido por un trabajo que promete ayudar en la controversia sobre el TDA/TDAH y ofrecer esperanza a padres y profesionales que luchan por ayudar al cada vez mayor número de niños que están siendo detectados con problemas de falta de atención y mal comportamiento, alimentando una explosión nacional del TDA/TDAH. En mi práctica utilizo ahora los libros del Dr. Stein como recetas conductuales alternativas, y recomiendo que mis colegas consideren seriamente hacer lo mismo.

Reconocimientos

Escribir un libro es, en sí, una ardua tarea, pero cuando estás en desacuerdo con el *Zeitgeist* de la comunidad profesional, se convierte en algo abrumador. Siento apasionadamente que muchas cosas desagradables han ocurrido en el esfuerzo por convencer al público y a la comunidad profesional de cosas que están escandalosamente mal y son inmorales. Si el buen Dios no hubiese puesto a cierto individuos en mi camino, tal vez hace mucho tiempo me habría dado por vencido en esta batalla.

Estoy en gran deuda con el profesor Steve Baldwin de la Universidad de Teeside del Reino Unido. Fue el primero en reconocer el mérito de mi trabajo. Trabajó incansablemente en su universidad para establecer un tratamiento clínico exento de medicamentos aplicando mis métodos de tratamiento. Logró conseguir fondos gubernamentales para esta clínica unos cuantos meses antes de su prematura muerte en un choque de trenes en Inglaterra. Extraño su brillantez, su energía y su integridad. Me quedo solo para terminar gran parte del trabajo que él y yo empezamos, y es doloroso.

El Dr. Dubose Ravendel llegó a mi vida después de la publicación de mi libro **Ritalín no es la respuesta**. Una simple llamada telefónica fue el principio de una maravillosa amistad. Hace preguntas que me hacen pensar en cosas nuevas, y constantemente llama mi atención hacia investigaciones importantes y controversiales. En otras palabras, me mantiene atento. Su energía es contagiosa y frecuentemente me ayuda a seguir adelante en los tiempos difíciles. Aún más importante, cree en mi trabajo, y tener de mi lado a un individuo con tan profunda integridad y convicción ha sido una bendición.

El valor y la claridad de pensamiento apenas describen al escritor y columnista John Rosemond. Se ha atrevido a disentir de la psicocharlatanería en boga en la psicología y la psiquiatría. Reconociendo el desatino de lo que ha estado sucediendo en la arena del TDA/TDAH, ha defendido y apoyado valiente y públicamente mi trabajo. Respeto sus creencias, sus ideas y su filosofía en relación con el cuidado de los niños. Aboga por la moralidad y por los valores a la antigua en un tiempo en que el mundo parece estar enloqueciendo. Considero que su amistad y su consejo son invaluables.

Quiero agradecer a Joyce Trent por las incontables horas que ha pasado tecleando, editando y reescribiendo este manuscrito. De no haber sido por ella, este libro no sería una realidad.

La amistad y apoyo de Laura Birdsong, Ira Rakoff y Lois Rakoff me han sostenido a través de los años difíciles. Finalmente, quiero agradecer a mis hijos Kevin, Alex y Heidi, simplemente por existir.

CAPÍTULO 1

Introducción

Tratamiento sin medicamentos

Durante los sesenta y principios de los setenta, tuve mi entrenamiento como estudiante y graduado en psicología. Como parte del trabajo del curso, los estudiantes veían películas que documentaban el trabajo del psicólogo pionero Ivaar Lovaas. Lovaas estaba, en ese tiempo, desarrollando técnicas para modificación de la conducta de niños autistas. Ante mis ojos sucedieron milagros. Los increíbles logros que estaba teniendo Lovaas con los niños me asombraron.

El autismo es una enfermedad severa del cerebro y el sistema nervioso. Aunque usualmente está presente desde el nacimiento, los padres no empiezan a notar que hay algo que está terriblemente mal en su niño sino hasta el final del primer año. Entonces los síntomas comienzan a hacerse aparentes. Estos niños no se pueden comunicar. No pueden hablar normalmente, ni pueden comprender lo que se les dice. Están encerrados en un caparazón.

Los comportamientos repetitivos, tales como girar un juguete, pueden durar por horas. Sacudir las manos como aleteando es un síntoma común. Los niños se vuelven salvajes y fuera de control si hay cambios mínimos en su entorno. De hecho son, trágicamente, niños muy enfermos. Aun así, Lovaas desarrolló técnicas a través de las cuales el comportamiento y las habilidades del lenguaje podían ser modelados a tal grado que muchos de ellos pudieran funcionar eventualmente con normalidad.

Estas películas y lecturas sobre la investigación de Lovaas me emocionaron y en gran medida ayudaron a motivarme para hacer una carrera en psicología.

Varios años más tarde, cuando estaba enseñando y ejerciendo, me refirieron a niños que no ponían atención y eran muy mal portados. En este tiempo, estos niños encajaban en el diagnóstico de reacción infantil hiperquinética de acuerdo con los criterios para diagnóstico del manual para psicología y psiquiatría, en la segunda edición (el DSM-II o *Manual de Diagnóstico y Estadísticas*, 2a. ed., publicado en 1968). Encontré poca información relacionada con la forma de tratar a estos niños conductualmente.

Cada vez con más frecuencia, escuché sobre el uso de anfetaminas tales como Ritalín, Benzedrina y Dexedrina para controlar los comportamientos hiperkinéticos de estos niños. Estaba perplejo y disgustado. ¿Anfetaminas? ¿Para niños? Seguramente no podía ser así. Pero era muy real.

Para mí estos niños no estaban enfermos. No tenían nada parecido al profundo grado de patología presente en los niños autistas. Si Lovaas podía lograr milagros conductuales con niños autistas verdaderamente enfermos, entonces seguramente sería posible tratar a chicos que sólo eran hiperactivos y que no prestaban atención. Pero no había ningún tratamiento. No había nada accesible que funcionara. Lentamente, la idea de que el TDA/TDAH (Trastorno de Déficit de Atención/ Trastorno de Déficit de Atención e Hiperactividad) era un tipo de enfermedad que podía ser manejado utilizando medicamentos para controlar el comportamiento y la mente se volvió cada vez más popular, y cada vez me preocupé más.

Aun durante mis primeros años de entrenamiento, los psicólogos y los psiquiatras trataron de convencer tanto a la comunidad profesional como al público de que los niños que no ponían atención y eran muy activos tenían una enfermedad. Esto significa que hay algo que está terriblemente mal con su cerebro o sistema nervioso, que causa su falta de atención y mal comportamiento. No había una pizca de evidencia para apoyar esa afirmación: no acepté que estos niños tuvieran algún tipo de enfermedad. No eran de ninguna manera como los niños autistas que estaban totalmente fuera de contacto con la realidad. Los niños distraídos y altamente mal portados estaban y están muy en contacto con la realidad. Saben que lo que hacen está mal. Pero, simultáneamente, la psiquiatría veía todos los problemas de comportamiento como enfermedades. Si alguien estaba deprimido por la pérdida de un ser querido o del trabajo, se consideraba que esa persona tenía una enfermedad. Si un niño sentía ansiedad debido a la escuela, se consideraba que tenía una enfermedad. Típicamente, la solución obvia para una enfermedad, era la medicación. Las medicinas, pensé, fueron hechas para curar, pero las anfetaminas utilizadas en niños con problemas de atención no los curaban, los controlaban.

Entonces las cosas se volvieron "más curiosas y más curiosas", como en *Alicia en el país de las maravillas*.

De fines de los años setenta a la fecha, se realizaron campañas masivas para *probar* que los problemas de atención eran enfermedades. Aumentó la investigación pobre que utilizaba cualquier pizca de evidencia para convencer tanto al público como a la comunidad profesional de que estos niños tenían una enfermedad. Esta campaña parecía tener una agenda política en lugar de ejercer una ciencia objetiva y responsable.

También surgió una segunda campaña que coincidía, para tratar de convencer al público y a la comunidad profesional de que el Ritalín y otras anfetaminas eran drogas inocuas, suaves y seguras y que eran medicinas para el tratamiento del TDA/TDAH. Estas drogas eran consideradas en una forma casual y el mensaje era que nadie debía de preocuparse sobre su efecto en los cuerpos en desarrollo de los niños.

Las campañas han tenido éxito. El Ritalín y las drogas similares se venden en cantidades alarmantes: billones de dólares están cambiando de manos. Diez por ciento de nuestros niños, más de dos millones, ahora usan estos medicamentos, y su uso aumenta dramáticamente.

La popularización de la noción de enfermedad tuvo otras ramificaciones. Al convencer a psicólogos, psiquiatras y educadores de que los desórdenes de atención eran enfermedades, la investigación sobre problemas de comportamiento tomó una dirección equivocada. En lugar de tratar de remediar completamente, como lo hizo Lovaas con los niños autistas, los tratamientos se transformaron para simplemente proporcionar la terapia con medicamentos. No se diseñaron tratamientos para hacer que estos niños pensaran y funcionaran completamente. En lugar de eso, ya que los niños eran considerados como enfermos, incapacitados e irremediables, los tratamientos conductuales se diseñaron para mejorar los efectos de los medicamentos, más que para realmente mejorar el problema.

Se creía que estos niños estaban tan impedidos que requerían toda la ayuda que los adultos les pudieran dar en las formas de entrenamiento, recordatorio, coacción, listados, dándoles atención individual, mimos y ayuda. Todo esto, de hecho, sólo sirve para convencer a los niños de que están enfermos y son desvalidos. Estas técnicas conductuales refuerzan y convierten en invalidez su inhabilidad para pensar o comportarse sin una constante asistencia externa. Como veremos a lo largo de este libro, los tratamientos conductuales populares actualmente, de hecho ayudan a empeorar a los niños TDA/TDAH.

Se vuelven cada vez más dependientes, peor aún, se vuelven cada vez más dependientes de las drogas para poder funcionar.

¡Qué irónico es que al mismo tiempo que estamos peleando contra la peor epidemia de drogas en la historia de este país, estamos dando a nuestros niños esas mismas drogas, bajo la apariencia de un tratamiento! Y estas drogas no "curan", los "controlan".

Pocos asuntos relacionados con la salud de los niños han sido tan incendiarios, contenciosos y controversiales como el TDA/TDAH y el uso del Ritalín. ¿Por qué se ha convertido en un lugar común meter anfetaminas en los cuerpos de casi el 10 por ciento de nuestros niños? Como dije en 1998 en el Congreso de la Sociedad Psicológica Americana (APA) en San Francisco, "Podemos hacer algo mejor que eso", refiriéndome a mis colegas psicólogos. Podemos diseñar mejores y más efectivos tratamientos conductuales que los que hemos aplicado hasta ahora. De eso es de lo que se trata este libro —la introducción de un nuevo enfoque conductual que puede funcionar tan efectivamente con los niños TDA/TDAH como la técnica del Dr. Lovaas lo hizo con niños autistas.

Denme alternativas

Numerosos médicos me han dicho "¡Deme alternativas!" De eso es precisamente de lo que se trata este libro. A diferencia de otros libros sobre TDA/TDAH, este libro ofrece un programa completo de alternativas conductuales, libres de medicamentos llamado Programa de Habilidades para Cuidadores (PHC). Lo que se presenta aquí da una alternativa verdadera de tratamiento que funciona frente al Ritalín —una primera línea de defensa para padres, médicos, psicólogos y educadores. Pido a los médicos que se detengan antes de escribir una receta para Ritalín y en su lugar escriban el nombre de este libro. Cambien la prioridad de las recomendaciones de tratamiento. Hay un enfoque conductual efectivo a su alcance, y el Ritalín puede pasar a ocupar una prioridad menor en la jerarquía de las opciones terapéuticas. Ahora los padres tienen una opción accesible para ellos. Los psicólogos pueden ayudar a los padres a implementar esta opción. Los educadores pueden sentirse animados por este programa ya que una píldora sólo controla a los niños. El Programa de Habilidades para Cuidadores ayuda a los niños a aprender y a desarrollar un patrón totalmente nuevo y más sano de comportamiento y pensamiento que puede producir cambios permanentes, de manera que el chico nunca más perturbe el entorno de aprendizaje de los otros niños. Con este programa, todos pueden ganar —los médicos, los padres, los psicólogos, los educadores y, los más importantes de todos, los niños.

El PHC ha sido diseñado para entrenar a los padres y a otras personas que cuidan, esto es, cuidadores, de los niños TDA/TDAH en todo lo necesario para remediar y eliminar los patrones de comportamiento y pensamiento del TDA/TDAH.

Pero este libro ofrece más. Vamos a revisar y encontrar sentido a las montañas de investigación, conceptos y teorías confusas y contradictorias sobre el TDA/TDAH. Vamos a descifrar y a desacreditar muchos de los mitos que rodean estos desórdenes.

Espero que al llegar al final de este libro comprendan mejor las controversias, tengan una imagen más clara de lo que sucede en la investigación sobre TDA/TDAH, y sean capaces de conducir a sus hijos hasta el punto en que sean bien portados, maravillosos para estar con ellos y mucho más sanos y felices. Lo que hizo Lovaas sin drogas, con niños verdaderamente "enfermos", nosotros lo podemos lograr con los niños "no enfermos" TDA/TDAH. Esto se puede lograr, y lo haremos juntos —sin drogas.

William o "William el Terrible"

William tenía tres años cuando vino a mí por primera vez. Mi preocupación inmediata fue que mis técnicas funcionaban mejor con niños a partir de los cinco años. No tomó mucho para que mi lado tierno se impusiera y se apiadara de la desdicha de sus padres. William era un terror increíble. Literalmente destruyó mi oficina, tirando objetos de mi escritorio y regando papeles importantes por todos lados. Sus padres trataban desesperadamente de controlarlo, pero William no aceptaba nada. Su madre lo perseguía por la oficina tratando de atraparlo. Lo amenazó con darle unas nalgadas. William se reía con regocijo y continuaba con su juerga.

Pronto se lanzó sobre mis libros que, como herramientas de mi oficio, me son muy queridos. Afortunadamente, su madre lo tacleó justo a tiempo y forcejeó con él para llevarlo de regreso a la silla, tratando de mantenerlo sobre sus piernas. William entonces procedió a gruñir, lloriquear y forcejear tratando de escapar de la llave que le había aplicado su madre. El papá sólo se sentaba mirando, avergonzado. William se lanzó a una severa rabieta. Gritaba, pateaba, aullaba y lloraba. Finalmente azotó en el piso en uno de los más terribles berrinches que he presenciado.

Lo crean o no, quería este caso. De hecho, William era un gran reto. Era un terror y yo no podría haber soñado con dos padres más altamente motivados que los suyos.

Habían leído todos los libros que habían caído en sus manos y admitían que los libros sólo los habían confundido más. Probaron todo, pero nada funcionó. En total desesperación fueron con un psiquiatra especializado en niños, el cual les dijo en menos de 15 minutos que William tenía la enfermedad de TDAH y que el Ritalín era la única solución. Ambos padres estaban muy perturbados ante la idea de someter a su niño de tres años a una droga del tipo de las anfetaminas. Una vecina cuyo chico había sido tratado con éxito les sugirió que me llamaran.

Abrí una copia de la reciente edición del libro *Referencia de Escritorio para Médicos* (PDR), que reseña todos los medicamentos que se recetan, para los padres de William, y les mostré donde decía que el Ritalín no debería recetarse a niños menores de seis años. Estaban sorprendidos y enojados.

Les expliqué la alternativa de que yo les enseñara el Programa de Habilidades para Cuidadores (PHC). Sin dudar, aceptaron asistir a las cinco o seis sesiones que me tomaría entrenarlos. Dentro de las dos semanas que siguieron al momento en que terminaron su entrenamiento en PHC ellos tenían un niñito normal y bien portado. ¿Historia verdadera? ¡Sí! ¿Milagro? ¡No! ¿Trabajo diligente para los padres? ¡Sí!

Los padres de William no sólo descansaron al tenerlo bien comportado, sino que también se sintieron más confiados y seguros de sus habilidades para la crianza. Claramente comprendieron lo que podían esperar de su hijo y cómo hacer que sucediera. En su última sesión dijeron "parece mucho más feliz".

Usted está a punto de embarcarse en el mismo viaje. Si Lovaas pudo controlar a niños autistas, con certeza podemos controlar a los niños con TDA/TDAH. Si "William el Terrible" puede ser controlado, entonces cualquier niño puede ser controlado. ¡Y no se necesita medicación! Al final de este viaje, usted también podrá decir "Parece mucho más feliz". Usted también lo será.

CAPÍTULO 2

Anfetaminas

Tal vez esté leyendo este libro porque está preocupado por su hijo que está tomando Ritalín o algún medicamento parecido, o porque le han recomendado que empiece a hacerlo. Como la mayoría de los padres que he conocido, usted se siente incómodo y confuso. La pregunta "¿Qué debo hacer?" lo atormenta constantemente.

Creo que es un mito que la mayoría de los padres quieren resolver todo rápido con medicamentos. Pero es hasta ahora, con este libro y mi libro anterior, *Ritalín no es la respuesta: Programa práctico, sin medicamentos, para niños diagnosticados con TDA/TDAH*, que los padres están conociendo una alternativa real y efectiva. Para poder elegir entre el Ritalín y lo que ofrezco, usted debe ser un consumidor informado. Por lo tanto, este capítulo repasará alguna información importante sobre la familia de drogas estimulantes y sobre el Ritalín, una de las recetas más frecuentemente. Armado con esta información, usted puede hacer una elección más educada.

Drogas estimulantes

Las drogas estimulantes están divididas en dos categorías: (1) estimulantes menores y (2) estimulantes mayores.

Los estimulantes menores se utilizan comúnmente como energetizadores cotidianos o "levantadores". Se encuentran en muchos productos comunes. La cafeína está en el café, la teobromina en el chocolate (usualmente también se le agrega cafeína) y la teofilina en el té. Aun cuando son relativamente seguras, estas drogas pueden ser riesgosas ya que aumentan el ritmo cardiaco, aumentan la presión arterial y son vasoconstrictoras. Tal vez su médico le ha sugerido reducir su consumo de café. Yo me prometí que, si mi médico alguna vez me decía que dejara el café, que me encanta beber por las mañanas, le daría gusto. Lo hizo y yo lo hice. Es muy bueno que seamos buenos amigos.

Los estimulantes mayores son un asunto serio. En todos los libros de texto que he utilizado para enseñar mi curso de psicofarmacología están descritos como las drogas más adictivas psicológicamente. Los dos tipos de estimulantes mayores son las anfetaminas y la cocaína.

Las anfetaminas son muy populares como drogas callejeras y, de acuerdo con el International Narcotics Control Board (1996), el Ritalín también se ha vuelto popular en las calles. Los modismos que se refieren a estas drogas incluyen "speed", "uppers", "copilotos" y "footballs".

En 1970 el congreso paso una minuta llamada Comprehensive Drug Abuse Prevention and Control Act (Acta de control y prevención del abuso de drogas). Un propósito de este documento era restringir y controlar a los médicos cuando recetaban drogas psicotrópicas. Las drogas estaban clasificadas en categorías llamadas Listas, las cuales partían de la I, que incluía drogas tan adictivas que prácticamente se prohibía a los médicos hacer recetas para su uso, a la lista V, para drogas con un potencial de abuso tan bajo que era posible venderlas sin receta médica. Las drogas de la lista II son muy restringidas porque tienen algunas aplicaciones médicas, pero también poseen un alto potencial de abuso y adicción. En esta lista se incluyen las anfetaminas (incluido el Ritalín), opio, morfina y cocaína. El Ritalín no es precisamente una anfetamina, es algo distinto. Farmacológicamente es más cercano a la cocaína. En los hospitales estas drogas deben guardarse bajo llave en lugares a los que sólo tiene acceso la jefa de enfermeras de la unidad. La más reciente Controlled Substances Analogue Enforcement Act (Acta de observancia de sustancias análogas controladas) de 1986 aún clasifica al Ritalín en la lista II.

Aunque el Ritalín es una de las drogas más suaves de la lista II, sigue teniendo un alto potencial adictivo. Hay drogas por debajo de este nivel en las listas III, IV y V; así que el Ritalín aún está alto en la escala adictiva. También se incluyen en la lista II drogas utilizadas para controlar TDA/TDAH: Dexedrina (dextroanfetamina), Desoxyn (metanfetamina) y Adderall (anfetamina más d-anfetamina). Asimismo, cada una de estas drogas está clasificada como perteneciente a la lista II por el International Narcotics Control Board (Organismo internacional de control de narcóticos) (1996). La Organización Mundial de la Salud (OMS) de las Naciones Unidas considera el abuso potencial de cada una de estas drogas, incluyendo de nuevo al Ritalín, como equivalentes a la cocaína. De hecho, el efecto del Ritalín en el cuerpo es idéntico al de la cocaína (LaHaze 1998; DeGrandpre 1999).

¿Es el Ritalín una droga de entrada?

Los padres frecuentemente preguntan si el Ritalín o cualquiera de estas drogas pueden ser consideradas como drogas de *entrada* o *inicio*, esto es, si pueden conducir al uso de drogas más poderosas y adictivas. Hay diversos factores a considerar para esta respuesta.

Mi primera respuesta es ¿*entrada* a qué? Todas las drogas de la lista II ya están ahí, cerca de la cima de las drogas potencialmente adictivas.

La segunda parte de mi respuesta es que no tenemos forma de saber qué niño tiene riesgo potencial de volverse adicto a las drogas. No hay pruebas psicológicas para determinar esto, ni tampoco hay pruebas médicas. Nuestro nivel de éxito en el tratamiento de adicción a las drogas es abismal. Si su niño está en riesgo, entonces cualquiera de las drogas en la lista II puede disparar una adicción de la que puede no haber regreso.

La tercera parte de la respuesta involucra la investigación científica sobre el tema de la adicción. Hay algunos estudios que parecen no presentar diferencia en el nivel de adicción de niños que han tomado estas drogas frente a niños que nunca las tomaron (Biederman, Wilens y otros 1997). También existen estudios velados que uno debe leer e interpretar con mucho cuidado. Estos estudios muestran un temprano comienzo en el abuso de drogas en niños con TDAH cuando llegan a la adolescencia (Millerger, Biederman y otros 1997) y una alta probabilidad de riesgo de abuso de drogas en adultos que fueron diagnosticados con TDAH cuando eran niños (Barkley y otros 1990; Mannuzza y otros 1991). Sin embargo, en muchos estudios, el hecho de que estos niños con TDAH recibieran drogas por muchos años o no se menciona o fue descartado como irrelevante, aunque tal vez el estar sometidos a estos medicamentos fue lo que realmente los condujo al abuso temprano de las drogas. ¿Por qué será que investigadores experimentados tendrían errores de omisión de tal descuido? Si estos estudios son precisos, que los niños con TDA/TDAH tienen un índice más alto de abuso de drogas como adolescentes y adultos, entonces eso significa que son una población *en riesgo*. Ser una población en riesgo o tener una predisposición al abuso de drogas es, por lo tanto, una razón de peso para no meter estas sustancias en sus cuerpos en primer lugar.

Mi cuarta parte de la respuesta es que para mí estos argumentos de las investigaciones no son tan importantes como el sentido común. ¿Por qué correr el riesgo de dar drogas de la lista II si no es necesario?

Es de sentido común que si enseña a los niños a tomar medicamentos para manejar su comportamiento y sus emociones, están aprendiendo a tomar drogas para manejar sus vidas. Si tenemos miedo de que nuestros niños tomen alcohol y fumen mariguana, ¿por qué no habría de darnos miedo que consuman anfetaminas? No hay estudios bien conducidos, controlados cuidadosamente, sobre este tema.

En nuestra sociedad tenemos una forma extraña, dualista de concebir estas drogas. Por un lado, arrestamos a las personas que las consumen sin una receta médica, y se las damos libremente a los niños. Éstas son las mismas drogas por las que un padre se puede poner iracundo si un niño las posee en la calle e igual de iracundo si el niño se niega a tomarlas cuando se las receta el doctor. No entiendo.

En mi ponencia en el congreso de San Francisco abrí con la siguiente afirmación:

Somos cuidadosos con la comida que metemos en los cuerpos de nuestros hijos y les damos anfetaminas.

Estamos lanzando una guerra contra la disponibilidad del tabaco y la nicotina para nuestros niños y les damos anfetaminas.

Estamos preocupados por los aditivos y conservadores en la comida y les damos anfetaminas a nuestros niños.

Estamos lanzando una guerra contra las drogas mientras, al mismo tiempo, les damos anfetaminas a nuestros niños.

Estoy profundamente confundido.

¿Por qué alguien descartaría casualmente el que cualquiera de estas drogas es peligrosa?

Felicia

Cuando salí de mi oficina para recibir a la Sra. Jones, inmediatamente me di cuenta de que estaba perturbada. Entró a mi consultorio sin sonreír y se sentó silenciosamente.

Cuando le pregunté qué pasaba, y qué la había traído a mí, se tomó la cabeza entre sus manos y comenzó a llorar. Le ofrecí pañuelos, le dije que estaba bien llorar, y esperé varios minutos hasta que pensé que estaba lista para empezar a hablar. Me informó que su hija de diecinueve años, Felicia, había sido enterrada el fin de semana anterior después de morir por una sobredosis de cocaína. La Sra. Jones estaba llena de culpa. Obviamente, estaba profundamente deprimida. También estaba muy enojada.

Felicia empezó a tomar Ritalín a los nueve años porque no ponía atención en clase (TDA). Tanto el equipo de la escuela como el médico de la familia recomendaron la droga y le dijeron a la Sra. Jones que era perfectamente segura. La droga no funcionó y el doctor aumentó la dosis. La droga seguía sin producir ningún cambio en el desempeño escolar de Felicia pero, ante la insistencia de todos, la Sra. Jones mantuvo sumisamente a su hija tomando el medicamento. Finalmente, a los doce años, trató de retirarle el Ritalín, pero Felicia no quería dejarlo. Su comportamiento se tornó desafiante. Pronto se hizo evidente que Felicia consumía otras drogas además del Ritalín. Empezó a beber. Empezó a fumar mariguana.

En secundaria, Felicia descubrió la cocaína. A los dieciséis, dejó la escuela y se fue de su casa para vivir en una ciudad cercana. A los diecisiete, le dijo a su madre que era HIV-positiva. A los diecinueve murió de un infarto producido por la cocaína.

¿Empezó la pesadilla con el Ritalín? No lo puedo asegurar con certeza. ¿Habría sucedido de cualquier forma? No sé. Pero la Sra. Jones creía que todo comenzó cuando el sistema la forzó a iniciar a Felicia en el Ritalín. Estaba enojada con la escuela y con el doctor. Le pregunté si estaba considerando demandarlos. Se golpeó la cabeza y dijo que no. "¿Qué bien haría? Me harían quedar como una tonta en la corte", dijo ella.

Vi a la Sra. Jones por más de dos años, al final de los cuales su profundo y doloroso pesar empezó a menguar. Pero jamás se recuperaría de la pérdida de su hija. ¿Qué padre lo haría?

Ahora me pregunto: ¿Por qué jugamos a la ruleta rusa con nuestros hijos dándoles drogas cuestionables de tal intensidad?

Una breve historia de las anfetaminas

Podría ser útil revisar los antecedentes en el desarrollo de las anfetaminas, ya que ciertos periodos en su historia nos ayudan a vislumbrar el riesgo de estas drogas. La anfetamina fue sintetizada por primera vez en 1887 por el farmacólogo alemán L. Edeleano. Otros compuestos relacionados se desarrollaron después de 1920. En 1927 Gordon Alles, un investigador en farmacología que buscaba un tratamiento para el asma, desarrolló la Benzedrina. Se autoadministró la droga y describió que no sólo le ayudaba a respirar mejor, sino que también reducía su fatiga, aumentaba su capacidad de alerta y *lo hacía sentir eufórico*. En 1932, la compañía farmacéutica Smith, Kline & French introdujo la Benzedrina como inhalador para descongestión nasal que no requería receta médica. En Norteamérica la droga se volvió rápidamente popular para usos recreativos y empezó a ser usada con abuso por muchos. Esto continuó hasta 1949 cuando ya no se podía vender sin receta; era necesario que la prescribiera un médico. En 1937 la Benzedrina empezó a ser recetada tanto para niños demasiado activos, como para el tratamiento de la narcolepsia. El Ritalín se sintetizó a mediados de los años cuarenta y fue aprobado para ser recetado por la FDA (Food and Drug Administration) (Administración de drogas y alimentos) en 1955. El Ritalín y otras drogas similares se volvieron bastante populares para el tratamiento de niños demasiado activos durante los años sesenta. Witters y otros (1992) describen los años sesenta como la era del "doctor sentirse bien", cuando los doctores eran demasiado liberales al recetar todo tipo de medicinas poderosas, incluyendo las anfetaminas. La Asociación Médica Americana (AMA) pretendía que no se observaban "reacciones serias" a las anfetaminas, lo cual era evidentemente falso. Los médicos empezaron a recetar drogas de la familia de las anfetaminas para "obesidad, alcoholismo, enuresis, depresión, esquizofrenia, adicciones a morfina y codeína, nicotinismo, bloqueos cardiacos, lesiones cerebrales, mareos, hipos persistentes y manía por la cafeína" (Witters y otros 1992).

Durante la Segunda Guerra Mundial, se daban anfetaminas a los soldados en Alemania, Japón, Inglaterra y Suecia (país neutral). Después de la guerra, cada uno de estos países experimentó marcadas epidemias de abuso de anfetaminas. Tomó diez años de aprobaciones de leyes restrictivas para poder controlar el problema. Sin embargo, los Estados Unidos, aun a pesar de saber del problema, distribuyeron anfetaminas a las tropas durante la Guerra de Corea. Y seguramente, después de la guerra tuvimos una epidemia similar de abuso hasta que se aprobó el documento Controlled Substances Act (Acta de sustancias controladas) en 1970, cuando se restringió la posibilidad de recetarlas.

Espero que esta breve historia los alerte sobre el hecho de que cuando estas drogas se consiguen fácilmente, esto resulta en un abuso en gran escala. ¿Estamos repitiendo la historia? Ahora que estas drogas proliferan en nuestras escuelas, estamos escuchando informes de los medios y de la Drug Enforcement Agency (Agencia de control de drogas) (DEA) de que el Ritalín es la droga de la que más se abusa con fines recreativos en los campus de las escuelas de educación media. Los chicos muelen la pastilla hasta convertirla en un polvo fino y luego la aspiran como si fuese cocaína. Pronto aprenderán que pueden conseguir el mismo efecto con cualquiera de las otras drogas de la lista II. ¿Le podría suceder esto a su niño?

Riesgos de las anfetaminas

¿Hay otros riesgos serios para los niños, además del abuso y la adicción, en tomar anfetaminas? ¡Sí! Ni siquiera sabemos todos los riesgos relacionados con el Ritalín y las drogas similares, porque casi no hay estudios a largo plazo al respecto. No sabemos lo que puede pasar diez, veinte o más años después de varios años de tomar estos medicamentos cuando niños. El Cylert era considerado la más suave y segura de estas sustancias y es la única que se receta actualmente que está clasificada como droga de la lista IV. Pero el fabricante, Abbot Laboratories, fue obligado por la FDA a enviar una carta de advertencia a los médicos que decía que se habían presentado casos de muerte por problemas en el hígado. Las ventas de Cylert están cayendo dramáticamente. Sólo recientemente se ha descubierto que la más suave de estas drogas provoca la muerte.

Todas las anfetaminas, incluyendo el Ritalín, reducen marcadamente el proceso normal de crecimiento del cuerpo de los niños. Esto se conoce como supresión del crecimiento. Estas drogas reducen directamente la producción de la hormona del crecimiento (Yodofsky 1991), lo que provoca que todas las partes del cuerpo del niño crezcan a un ritmo menor al normal. Esta supresión del crecimiento incluye peso y estatura (Mates y Gittelman 1983), así como el tamaño del cerebro y de la cabeza (Nasrallah 1986; Pizzi y otros 1986; Breggin 1998). "Se impide hasta la maduración sexual del niño" (Jacobitz 1990).

Por favor, reflexionen sobre este tema. El cuerpo de su niño tiene un equilibrio extremadamente delicado. La mayoría de los padres pasa por grandes trabajos para asegurarse de que los cuerpos de sus hijos estén bien cuidados. Revisamos el contenido de grasas en la comida, leemos las etiquetas de los alimentos en busca de conservadores, apoyamos campañas para evitar que nuestros hijos consuman productos que contienen tabaco y nicotina, pero permitimos que consuman drogas peores, que interfieren con todo su proceso normal de crecimiento. Es muy posible que, cuando finalmente se hagan estudios de largo plazo, se descubra que se ha pagado un precio muy alto por recetar estos medicamentos a los niños.

Después de que se suspende el consumo de las drogas, el crecimiento se reanuda. No sabemos si al reanudarse se llega a poner al corriente con su nivel potencial adecuado. Weiner (1982) indica que no tenemos forma de saber qué tan grande o alto podría haber sido un niño si no hubiese tomado el medicamento. ¿Qué efecto tiene este "alto y siga" en el cerebro y el cuerpo de un niño? ¡Tampoco lo podemos saber!

Como usted seguramente sabe, el cerebro del niño no está totalmente desarrollado al nacer. El cerebro humano continúa un proceso de desarrollo normal hasta los doce años, cuando alcanza la madurez total. Durante estos doce años ocurren eventos vitales. Se desarrollan conexiones neurológicas que son afectadas por el aprendizaje y por la influencia del entorno. Se desarrollan niveles críticos y cuidadosamente balanceados de los químicos en el sistema nervioso y el cerebro. Las células nerviosas desarrollan configuraciones precisas llamadas *conexiones*, que son fundamentales para el funcionamiento saludable del sistema nervioso. El cerebro aumenta de tamaño, y ocurren cambios críticos en su anatomía en un patrón bastante preciso de desarrollo normal. La supresión del crecimiento seguida por un acelerado crecimiento para ponerse al corriente interfiere con el proceso normal y gradual. ¿Deberíamos estar manipulando esto en nuestros niños?

Los médicos han inventado una forma de tratar de reducir este problema de inhibición del crecimiento con lo que llaman *vacaciones de las drogas*, suministrando los medicamentos sólo en los días en que los niños asisten a la escuela. Estos niños normalmente no toman las medicinas por la noche, en fines de semana, días festivos o durante las vacaciones de verano. Estas vacaciones se recomiendan sólo para niños cuyo comportamiento no es severamente disruptivo durante las "vacaciones". Las vacaciones de drogas sólo reducen los riesgos, pero no los eliminan. Si estas sustancias son tan seguras como los doctores nos hacen creer, ¿por qué creen necesario recomendar estos periodos de abstinencia en primer lugar?

El Ritalín y las drogas similares también impiden el desarrollo crucial del sistema reproductivo (Jacobitz y otros 1990). Piense en esto. Piense en los cambios decisivos en el desarrollo de los órganos sexuales, senos, ciclo menstrual, testículos, hormonas sexuales y el cambio de voz que deben suceder en un momento preestablecido de la maduración sexual, para proceder normalmente. Honestamente no sabemos mucho sobre las implicaciones a largo plazo de inhibir los patrones normales del desarrollo sexual durante las etapas críticas del desarrollo.

Un estudio muy reciente, el único estudio a largo plazo que existe a este respecto (Auci 1997), indica que el sistema inmunológico también puede ser dañado por el uso prolongado de estos medicamentos. Piense en eso —el sistema inmunológico que protege a su niño de las enfermedades. Los médicos reportan que los niños que reciben estas sustancias parecen presentar problemas más frecuentes con gripes, bronquitis e incluso neumonía. Se necesitan desesperadamente más estudios a largo plazo para saber qué sucede con los cuerpos en desarrollo de los niños a los que se mantiene utilizando estas drogas.

Los efectos secundarios de deterioro a largo plazo pueden aparecer después de años de seguir con los medicamentos, o aun años después de dejarlos. Se sabe poco sobre sus efectos a largo plazo. Pero sabemos bastante sobre sus efectos a corto plazo, los problemas de deterioro que surgen después de unas semanas o aún inmediatamente después de iniciar el consumo de las drogas.

La tabla 2.1 enumera algunos de los efectos secundarios a corto plazo de las anfetaminas y el Ritalín. También se incluye el porcentaje de casos afectados.

Tabla 2.1
Porcentaje de casos que muestran efectos secundarios a corto plazo

Síntoma	Ritalín	Anfetaminas
Depresión	8.7%	39.0%
Confusión	3.9	0.3
Cambios en el estado de ánimo	10.0	menos de 1.0
Irritabilidad	17.3	25.0
Agitación e inquietud	6.7	10.0
Tics (disquinesias)	9.0	menos de 1.0
Letargo y somnolencia	18.8	11.5

Tabla 2.1
Porcentaje de casos que muestran efectos secundarios a corto plazo (continuación)

Síntoma	Ritalín	Anfetaminas
Pérdida de apetito	26.9%	23.1
Pérdida de peso	13.5	29.5
Náusea	11.6	5.5
Aumento en la presión arterial	15.8	10.0
Arritmia cardiaca	5.5	menos de 1.0
Angina de pecho	4.4	menos de 1.0
Dolor abdominal	11.6	5.5
Toxicidad cognitiva	40.0	40.0

Fuente: Breggin 1998; Maxmen & Ward 1991; *Referencia de Escritorio del Médico*, 2000.

Hay dos efectos secundarios que vale la pena enfatizar. Primero es la toxicidad cognitiva, la cual involucra la capacidad de las drogas para mejorar la habilidad de aprender tareas simples y rutinarias como la suma y la resta, mientras deterioran la habilidad para realizar tareas que requieren pensamiento complejo y abstracto, tales como resolver problemas científicos o escribir ensayos y poesía. Esto ocurre a más del 40 por ciento de todos los niños que toman estos medicamentos (Breggin 1998; Swanson y otros 1993). Piensen bien en esto. Estas drogas se prescriben supuestamente para mejorar el rendimiento escolar. Controlan la conducta y mejoran el desempeño en tareas simples y repetitivas, pero interfieren con tareas de aprendizaje superiores y más complejas en un gran porcentaje de los niños. Yo llamo a esto "gana la batalla y pierde la guerra". Así es como nuestras más altas habilidades de pensamiento se deterioran mientras consumimos estas sustancias.

Otro problema que ocurre raras veces cuando se suministran en dosis más bajas, en menos del 1 por ciento de los pacientes, pero es más frecuente cuando se utilizan dosis más altas; es conocido como psicosis tóxica. En estos casos los efectos venenosos de las drogas causan que el niño pierda el contacto con la realidad y se vuelva psicótico. He presenciado esto varias veces durante mi carrera, y es aterrador.

A estas alturas usted podría sentirse desfallecer si su niño está tomando alguno de estos medicamentos. Las drogas de esta potencia deberían ser utilizadas para tratamiento como último recurso. Desafortunadamente, dada la ineficacia de la mayoría de los métodos conductuales accesibles actualmente, son utilizadas como primera opción.

Sólo puedo pensar en dos razones para utilizar anfetaminas con niños: cuando fallan los tratamientos conductuales bien diseñados o cuando los padres no quieren tomarse el tiempo o hacer el esfuerzo para aprender a trabajar con su hijo. Ya que está leyendo este libro, sospecho que no forma parte del segundo grupo.

En el capítulo 5 veremos que los programas conductuales populares en la actualidad no están bien diseñados. Con demasiada frecuencia he escuchado, como apuesto que ustedes también lo han hecho, la afirmación frecuente "la mejor opción es la combinación de las técnicas conductuales con la medicación". ¡Tonterías! Los enfoques conductuales populares en la actualidad están pobremente diseñados y no funcionan a menos que se agreguen las anfetaminas. De hecho, las técnicas conductuales actuales pueden ser desechadas completamente, ya que es posible conseguir los mismos resultados sólo con los medicamentos. Cuando únicamente se aplican los programas conductuales actuales, no sólo no funcionan, de hecho empeoran a los niños. Estoy ofreciéndole una alternativa completamente distinta, viable y real, sin medicamentos.

El Programa de Habilidades para Cuidadores (PHC) ha sido diseñado y probado cuidadosamente, y funciona. Éste es el único programa integral y efectivo de su tipo. En el capítulo 5 explicaré las diferencias entre el enfoque del PHC y los otros enfoques conductuales y de crianza actualmente accesibles.

En el siguiente capítulo, exploraremos los muy complejos aspectos relacionados con el debate de si el TDA/TDAH es una enfermedad, un desorden biológico o simplemente un patrón de conducta en niños que son normales, pero que tienden a ser más activos y menos motivados a prestar atención.

CAPÍTULO 3

¿Son enfermedades el TDA y el TDAH?

Hay un número creciente de demandas legales contra compañías farmacéuticas, aludiendo conspiración para promover y vender drogas adictivas a niños diagnosticados con TDA/TDAH. Estas demandas han sido iniciadas por algunas firmas legales que pelearon contra las compañías tabacaleras. Los argumentos de conspiración se centran en el supuesto uso de tácticas subrepticias, utilizadas por las compañías que producen los medicamentos, de mala información y desinformación sistemática para orquestar un enorme mercado de multibillones de dólares enfocado a los niños como consumidores, para la venta de anfetaminas.

En el centro de estas supuestas conspiraciones ha estado el esfuerzo por usar la ciencia inadecuadamente para convencer al público de que TDA/TDAH son enfermedades, cuya cura lógicamente es con medicamentos, y que estas drogas son perfectamente seguras. Espero que el capítulo anterior lo haya ayudado a cuestionarse sobre la "seguridad" de las anfetaminas.

En este capítulo trataremos de desentrañar el misterio y la confusión que rodean el tema de si los desórdenes de atención son o no enfermedades. No desfallezca si ha estado tratando de llegar al fondo de este tema. Muchos profesionales también están confundidos. De hecho, es un tópico difícil de manejar. Este debate afecta no sólo al TDA/TDAH, sino también a la forma en que vemos e interpretamos muchos otros desórdenes psiquiátricos.

Este capítulo puede ser un poco difícil, ya que el punto de si es o no enfermedad es complejo. El material se presenta completo y sin simplificar para ayudar a aquellos padres que desean comprender esta controversia a fondo.

La cancha siquiátrica

Debemos mucho a las compañías farmacéuticas. El hecho de que financien la investigación ha ayudado a conquistar muchas enfermedades. Pero su papel en la historia de la psiquiatría ha sido un poco sospechoso.

En su mayoría, las enfermedades usualmente son muy claras. Son detectadas y medidas claramente con instrumentos científicos. Cuando se utiliza un medicamento, su efectividad para eliminar una enfermedad suele ser evidente. Sin embargo en psiquiatría/psicología, las definiciones no son tan precisas; los conceptos están empantanados, y lo que es o no es enfermedad es motivo de controversia, las cosas son distintas. Estar dentro de la psiquiatría/psicología, frecuentemente es como ser "Alicia en el País de las Maravillas".

Una vez asistí a un congreso de una compañía de seguros en el que un ejecutivo de la compañía analizaba el tema de cubrir el costo de sesiones de terapia psiquiátrica y psicológica. Señaló que cuando cubrían el costo de la atención de dentistas, la enfermedad o anormalidad que estaban tratando era evidente, los procedimientos utilizados eran claros y resultaba obvio el momento en que una enfermedad era curada. Señaló que lo mismo sucedía con las solicitudes para cubrir la atención médica. Pero cuando llegaban a las solicitudes relacionadas con psiquiatría/psicología, frecuentemente no entendían de qué demonios hablaba nadie.

Debido a la falta de claridad y precisión, la psiquiatría y la psicología son terreno fértil para hacer cualquier declaración dudosa diseñada para vender medicamentos. Las drogas psiquiátricas limitan el comportamiento. Si curan o corrigen alguna enfermedad, es completamente desconocido, ya que ni siquiera sabemos qué se considera una enfermedad en psiquiatría y psicología. Pero, ¿son benéficas estas drogas? Bajo ciertas circunstancias, la respuesta es sí. Pueden ayudar con los sentimientos dolorosos como la ansiedad y la depresión. Pueden calmar a los pacientes esquizofrénicos y ayudarles a funcionar. Pueden ayudar a controlar los estados de ánimo de los pacientes bipolares (maniaco-depresivos). Pero no curan nada; sólo controlan. Lo más importante es que estos medicamentos son muy poderosos y potencialmente peligrosos. Deberían ser usados con muchas limitaciones y por el mínimo posible de tiempo. No deberían ser utilizados cuando es completamente innecesario. Desafortunadamente, las compañías farmacéuticas han estado empleando algunas prácticas bastante cuestionables. Parecen estar patrocinando investigaciones buscando etiquetar más y más problemas de conducta como enfermedades, con el fin de crear más amplios y lucrativos mercados para sus productos. En otras palabras, literalmente están fabricando enfermedades psiquiátricas. Parece haber un puñado de investigadores nixonianos, esto es, con una integridad en el límite, para apoyar sus apuestas utilizando la ciencia para respaldar cualquier tipo de afirmaciones falsas y nebulosas.

La falta de claridad y la confusión excesivas convierten a la psiquiatría y a la psicología en un terreno fértil para tan dudosas actividades de investigación. Estos investigadores son tan listos para la manipulación de la ciencia que hasta han convencidos a clínicos e investigadores honorables para aceptar distorsiones como hechos. El psicólogo británico H. J. Eysenck dijo una vez que los psicólogos (y psiquiatras) pueden decir cualquier cosa, porque sus pacientes no mueren por ello. Etiquetar más y más problemas de conducta como enfermedades, justifica la venta de más y más medicamentos.

Aunque los temas de enfermedad y venta innecesaria de medicamentos han sido una preocupación para muchos, el interés ha sido particularmente incendiario a partir de que las compañías que fabrican estos productos han tomado a los niños como objetivo para el consumo de anfetaminas. Es en esta arena que muchos se oponen a lo que están haciendo las compañías farmacéuticas.

Estas empresas están patrocinando un volumen masivo de investigación verdaderamente mala para probar que TDA/TDAH son enfermedades y que las anfetaminas son seguras. La psiquiatría y la psicología se han negado a vigilarse a sí mismas, así que un montón de abogados tendrán que hacerles el trabajo.

¿Son físicamente diferentes los niños con TDA/TDAH?

¿Son distintos físicamente los niños que consistentemente fallan en poner atención (TDA) de los otros niños? ¿Son físicamente distintos los niños que son consistentemente inquietos y mal portados (TDAH)?

Mi respuesta a esta pregunta puede sorprenderle, por que es ¡sí! Pero: Cualquiera y todos los patrones consistentes de comportamiento humano tendrán patrones (físicos o corporales) distintos a otros patrones de comportamiento. Esta diferencia NO significa una enfermedad o desorden biológico. Significa únicamente que patrones distintos de todos los comportamientos normales tendrán distintos patrones físicos subyacentes.

Los nuevos aparatos

Desde la publicación del *DSM-III* en 1980 (fue publicado el DSM-IV, aún vigente, en 1994), ha ocurrido una nueva revolución no sólo en psiquiatría y psicología sino también en los campos de la medicina y las ciencias biológicas. Con el advenimiento de las computadoras, han aparecido modernas máquinas médicas milagrosas, tales como los escáners para TAC, para IRM, para PET y para SPECT (ver tabla 3.1).

Tabla 3.1
Aparatos Médicos Computarizados

TC o TAC Scan —Tomografía axial computarizada
Máquina de rayos X para detectar anormalidades estructurales o anatómicas, mejorada con el uso de computadora.

IRM —Imagen de resonancia magnética
Similar a los escáners para TC, pero más precisa.

Escáners para PET —Tomografía por emisión de positrones
Detecta la energía emitida por las células al metabolizar glucosa radioactiva.

EEG —Electroencefalografía
Detecta la actividad eléctrica del cerebro.

Potenciales Evocados
Promedios computarizados obtenidos a través de la EEG en respuestas a determinados estímulos.

Ecoencefalografía
Imagen de ultrasonido del cerebro de niños menores de dos años. Es similar a los procedimientos de TC e IRM, pero es menos riesgosa y menos precisa.

Microscopio de electrones
Un microscopio que tiene capacidad para ver el nivel molecular. Frecuentemente utilizado en la investigación relacionada con el ADN.

Fuente: Berkow, ed., *El Manual Merck*, 1997.

Con estas nuevas máquinas, ahora estamos detectando cambios sutiles en los niveles celulares y químicos del cuerpo. Es el uso inadecuado de estas máquinas el que está justificando las enfermedades inexistentes. Los investigadores afirman que lecturas sutiles indican causas químicas o anatómicas del comportamiento, a lo que nadie más parece ser capaz de replicar. Aun si las lecturas fueran precisas, que no lo son, frecuentemente no sabemos lo que significan o lo que podría causar la presencia de las anomalías físicas. ¿Aparecen espontáneamente estos cambios físicos? ¿Son producto de la genética? ¿Causan estas anomalías los comportamientos anormales o son resultado de un prolongado estrés en su entorno? ¿Son causadas por diferentes patrones de pensamiento, llamados cogniciones? ¿Son causados por la nutrición o la dieta? O ¿son el resultado de los años que los niños que participaron en la investigación estuvieron tomando los medicamentos?

Ausencia de una definición de enfermedad

Un problema importante es la interpretación de si las sutiles diferencias detectadas por las máquinas en los patrones son enfermedades. Hay una gigantesca diversidad en los patrones del comportamiento humano, y todos y cada uno de ellos tendrán un amplio espectro de medidas que se presentan cuando se leen las avanzadas máquinas médicas de hoy. Dentro de cada rango, ¿dónde se ubica la separación entre normal y anormal? Por ejemplo, ¿las diferencias fisiológicas entre los introvertidos y los extrovertidos significan que unos tienen una enfermedad que los otros no tienen? ¿Las diferencias físicas entre las personas dependientes y las personas independientes significan que unas están enfermas y las otras no? ¿Están enfermas las personas más activas y las personas menos activas? Un artículo que se publicó recientemente en un periódico afirmaba que los investigadores que aplicaron estudios MRI encontraron que la anatomía de los cerebros de los adolescentes era distinta de la de los adultos. Ahora podemos concluir lo que siempre sospechamos: ¡La adolescencia es una enfermedad!

Linda Seligman (1994) dice que el péndulo en el diagnóstico psiquiátrico ahora oscila de regreso a los días de enfermedad, previos a 1980 e incluso antes, cuando todo lo que aparecía en el DSM-I y II era considerado como enfermedad. En 1980, el DSM-III se alejó drásticamente del modelo de enfermedad pero, con el desarrollo de esta nueva tecnología, desde 1980, el péndulo empezó a oscilar de regreso hacia interpretar lo que encontraban como enfermedad.

La psicología y la psiquiatría fueron tomadas por sorpresa. Están aumentando los argumentos sobre si debemos considerar ciertos nuevos patrones fisiológicos como enfermedades, y la disputa sobre las interpretaciones confusas ha escalado. Si continúa esta tendencia hacia la interpretación de enfermedad, entonces todo patrón de comportamiento humano pronto será una enfermedad, y ¡eso es absurdo! El problema que ha crecido es ¿cómo interpretamos estos descubrimientos? Todo esto probablemente hace muy felices a las compañías que producen medicamentos, ya que mientras más enfermedades vea todo mundo, ellos venderán más.

Una fuente importante de confusión es el hecho de que en psicología y psiquiatría no existe una definición del término *enfermedad*. Déjenme mostrarles cómo manejaron el dilema de la definición los miembros de los comités que desarrollaron la DSM-IV en 1994:

> Por otra parte, a pesar de que este manual proporciona una clasificación de desórdenes mentales, se debe admitir que ninguna definición especifica adecuadamente límites precisos para el concepto de "desórdenes mentales" [enfermedad mental]. El concepto de desorden mental [enfermedad], como muchos otros conceptos en la medicina y la ciencia, carece de una definición operativa consistente, que abarque todas las situaciones. (p. xxi)

Y:

> En la mayoría de las situaciones, el diagnóstico clínico de un desorden mental en el DSM-IV, no es suficiente para establecer la existencia, para fines legales, de un "desorden mental", "impedimento mental", "enfermedad mental" o "defecto mental". (p. xxiii)

Con esto en mente, tal vez usted pueda comprender por qué un psicólogo ve un patrón fisiológico-químico como enfermedad y otro lo ve como desorden (o no enfermedad). Esto se ha mantenido como un tema a debate, esperando una solución, por más de ciento veinticinco años. Después de haber tenido que pasar varios años con este problema, el profesor británico Steve Baldwin y yo desarrollamos una definición que se publicó en una revista médica internacional (Stein y Baldwin 2000). Espero que esta definición servirá como ancla para reducir la continuación de las especulaciones vagas sobre qué es y qué no es una enfermedad siquiátrica.

Los niños con esquizofrenia y autismo están tan severamente impedidos que no pueden controlar sus comportamientos, y no están en contacto con la realidad. Los patrones de comportamiento de los TDA/TDAH no se acercan ni un poco a patrones tan drásticos. Los niños con TDA/TDAH no pierden el contacto con la realidad, como lo hacen los niños esquizofrénicos y autistas.

Además, los patrones fisiológico-químicos del TDA/TDAH son tan sutiles que también deben ser considerados dentro de los límites normales. Sin embargo, no tiene importancia para usted al utilizar este libro, ya que de cualquier forma lo que presento aquí funciona.

Teorías de enfermedad

Como ya establecí, históricamente no han existido definiciones satisfactorias en psiquiatría y psicología. Sin embargo, debo explicarle un término científico: etiología. Etiología significa la causa de una enfermedad o desorden o patrón de comportamiento. El argumento de enfermedad *versus* no enfermedad es parte de un argumento relacionado con la etiología. Si los investigadores pueden encontrar una diferencia física, o etiología, que esté detrás del TDA/TDAH, entonces habrán justificado su idea de que es una enfermedad, esto es causal. Como pronto veremos, ha habido una gran lucha para encontrar esta etiología, y la búsqueda ha dado como resultado una lista, bastante extensa, de teorías (vea la tabla 3.2 en la página siguiente).

Sin embargo, si alguna vez ha visto los informes de laboratorio en el consultorio de su médico, habrá notado que hay parámetros o límites en los reportes del laboratorio que separan los hallazgos normales de los patológicos (o característicos de enfermedad). Como he afirmado, no se han establecidos los parámetros o líneas divisorias para las fisiologías o etiologías (causales) de los desórdenes psiquiátricos. No existen.

Así que no sólo no tenemos una definición adecuada, ni siquiera tenemos parámetros para determinar causas que establezcan claramente si lo que encontramos está dentro o fuera de los límites normales. La amplia diversidad de patrones normales de comportamiento humano significa que debe de haber un conjunto igualmente amplio de límites o tolerancias para la diversidad de las etiologías.

Ahora, vamos a ver la búsqueda de etiologías, o problemas físicos anormales, que supuestamente causan el TDA/TDAH.

Tabla 3.2

Estudios representativos de disfunción cerebral y del sistema nervioso

Área del cerebro	Fecha del estudio	Estudios que atribuyen el problema a TDA/TDAH	Fecha del estudio	Estudios que atribuyen el problema a las drogas
*1. Disfunción del tallo cerebral	1995	Lahat, E. et al.	1990	Pearson, J. et al.
*2. Disfunción del núcleo caudal	1994	Castellanos, F. X. et al.	1985	Unis, A. S. et al.
*3. Cuerpo calloso	1994	Giedd, J. M. et al.	1986	Nasrallah, H. et al.
*4. Dopamina	1991	Levy, F.	1995	Jaffe, J.
5. Desequilibrio del ácido fólico	1994	Greenblatt, J. M. et al.		
*6. Lóbulo frontal	1991	Heilman, K. M. et al.	1992	During, M. J. et al.
*7. Disfunción del metabolismo cerebral	1993	Zametkin, A. J. et al.	1987	Porrino, J. L. et al.
*8. Corteza prefrontal	1993	Amen, K. G. et al.	1985	Unis, A. S. et al.
9. Lípidos sanguíneos	1994	Arnold, L. E. et al.		
*10. Serotonina	1998	Murphy, D. A. et al.	1992	Kosten, T. R.

* Disfunción que puede ser causada por las drogas.

Una historia de la búsqueda de la enfermedad del TDA/TDAH

Las teorías de enfermedad, o biológicas, del TDA/TDAH, aparentemente se iniciaron en 1902 con un pediatra inglés, George Still. Él fue el primero en describir a los niños que eran inatentos y altamente mal portados. No vio esto como un patrón de comportamiento aprendido; más bien lo vio como causado por algo que estaba mal en el cerebro o en el cuerpo. Como médico estaba entrenado para ver todo como médicamente causado, y su interpretación fue consistente con su orientación científica. Desafortunadamente, aun a pesar de que no existía evidencia que lo sustentara, se inició la teoría de enfermedad para el TDA/TDAH.

Alrededor de 1923 hubo un brote de epidemia de encefalitis que dejó numerosos niños con un patrón de comportamiento inatento e hiperactivo. El Dr. F. G. Ebaugh concluyó que tal vez un virus o el mismo virus de la encefalitis había causado inflamación o daño al cerebro de los niños, dando como resultado este patrón de comportamiento. De nuevo, no había pruebas. Era sólo una suposición, pero sirvió para respaldar la noción de enfermedad.

En 1937, el Dr. Charles Bradley notó que las drogas estimulantes parecían atenuar el comportamiento de estos niños altamente activos e inatentos. Más adelante esto se conoció como el "efecto paradójico," ya que él creía que sólo en estos niños hiperactivos podemos observar este efecto atenuante. Esta teoría siguió siendo popular hasta hace bastante poco, cuando los investigadores descubrieron que estas drogas estimulantes producen el mismo efecto en todas y cada una de las personas. Baldessarini (1988), quien es considerado como una de las máximas autoridades en medicamentos psiquiátricos, llama a este razonamiento lógica alopática, que significa que porque una droga produce algún efecto, entonces debe haber una enfermedad. Él considera este tipo de razonamiento como falso, desorientador e inválido. De cualquier forma, esta idea se ha perdido en gran medida; pocos consideran actualmente la teoría del efecto paradójico.

En los años cuarenta, Strauss y Lehtinen (1947) propusieron la idea de que la causa de estos comportamientos era algún tipo de daño cerebral mínimo o MBD, (siglas en inglés de Minimum Brain Damage). Pero el daño era tan reducido que nadie podía encontrarlo. Esta noción ha muerto lentamente. Aún queda Paul Wender, un defensor de la noción del MBD, quien es un fuerte promotor de las drogas estimulantes.

El DSM-II fue publicado en 1968 por la Asociación Psiquiátrica Americana, y utilizaba el término "reacción hiperquinética de la infancia". Las palabras frecuentemente tienen dos significados. Los significados denotativos son la definición precisa de la palabra, así como "veo rojo" significa veo el color rojo. Los significados connotativos son los significados implícitos o reacciones emocionales a una palabra, tal como "veo rojo" significando estoy enojado. Para la mayoría, el término hiperquinesis suena como, o connota, un significado de enfermedad. A algunos les agradó la connotación evocada por el término, pero otros, principalmente psicólogos, no estaban a favor de tal terminología peyorativa, esto es, negativa o que implicaba enfermedad.

Como afirmó Seligman (1994), en el desarrollo de la versión de 1980 del DSM-III había una fuerte tendencia a alejarse de connotaciones peyorativas y de conceptos de enfermedad que no estuviesen sustentados. La investigadora Virginia Douglas consideraba los problemas de comportamiento como resultado de un déficit de atención. Se estableció el término trastorno de déficit de atención (TDA). Sin embargo, aun cuando no sé de ninguna investigación que sugiera que estos términos son peyorativos para el público o la comunidad profesional, todavía siento que el término connota una enfermedad subyacente. De hecho, se realizó una encuesta para averiguar si el término TDA/TDAH connota una enfermedad para la gente, y los resultados preliminares indican que la mayoría de las personas hacen tal inferencia. Las personas dicen la frase "Tengo TDA/TDAH," que suena mucho como si creyeran que tienen una enfermedad.

Los estudiantes se me acercan constantemente para pedir condiciones especiales para presentar sus exámenes o consideraciones especiales para tomar notas durante la clase, tales como utilizar grabadoras, porque tienen TDA o TDAH.

Una nueva etiqueta

Ya que las palabras tienen un significado connotativo, influyen en la forma en que percibimos e interpretamos los eventos y conceptos. Tal vez cambiar los términos TDA y TDAH ayudará a percibir estos patrones conductuales en una forma muy distinta. Sustituya el término TDA —trastorno de déficit de atención— con IA (inatento), y TDAH —trastorno de déficit de atención e hiperactividad— con el término AM (altamente mal comportado), y note el cambio en sus percepciones. Para mí los términos IA/AM, o Inatento y Altamente mal comportado, ayudan a alejar nuestras interpretaciones de la etiqueta peyorativa de enfermedad a una más realista de desorden de pensamiento y conducta. Así, para el resto de este libro los términos IA/AM aparecerán al lado de la etiqueta tradicional TDA/TDAH. Espero que la terminología tenga un impacto tanto en el público como en la comunidad profesional y empiece a cambiar nuestras percepciones de estos comportamientos como enfermedades.

Campaña de enfermedad de Barkley

Después de 1980, al avanzar la tecnología médica, como ya expuse antes, muchos investigadores empezaron a utilizar los nuevos aparatos en busca de la enfermedad de etiología psicológica del TDA/TDAH (IA/AM). El moderno defensor de la causa de enfermedad y más fuerte promotor del uso de medicamentos para tratar a estos niños era Russell Barkley (1978). El libro de Barkley editado en 1981, *Niños hiperactivos: Un manual para diagnóstico y tratamiento*, recibió una amplia acogida tanto del público como de la comunidad profesional. A lo largo de los años ochenta, Barkley repitió enfermedad-enfermedad-enfermedad-Ritalín-Ritalín-Ritalín, aun a pesar de no tener una pizca de evidencia sólida para apoyar su teoría de la enfermedad. Más adelante, en 1991, publicó un documento en el que pretendía que la investigación del médico Alan Zametkin sobre los patrones obtenidos a través del PET en adultos que habían sido niños con TDAH probaba, con una lógica algo retorcida, que los cerebros de los niños con TDAH son distintos de aquellos de los niños normales. Así, Barkley consiguió el apoyo que tanto necesitaba para su campaña de enfermedad.

Han habido muchas quejas sobre la replicabilidad de los hallazgos de Zametkin y sobre sus métodos de investigación (Breggin 1998), pero la crítica más alarmante contra el trabajo de Zametkin es el mero hecho de que los escáners para PET no son aparatos diseñados para medición precisa. No han logrado un desarrollo tecnológico que los haga confiables (Mayberg 1998; Sedvall 1997). Tanto para Barkley como para Zametkin, el declarar una enfermedad a partir de evidencia tan débil, que ha resultado en el hecho de que más y más niños sean sometidos a medicamentos, era irresponsable, científicamente equivocado, y moralmente malo.

Pero la campaña se recuperó. Pronto se inició una avalancha de investigaciones para conseguir más apoyo para la teoría de enfermedad. La tabla 3.2 indica que el grupo presentado de estudios enumera una completa variedad, casi una docena, de enfermedades que involucran a diversas áreas del cerebro, el sistema nervioso o la química del sistema nervioso. Si todos estos estudios son precisos, ¡entonces estos niños están extraordinariamente enfermos!

Hay una falla importante en estos estudios. O indican que la mayoría de los niños en los estudios estaba bajo medicación estimulante en el momento en que se hicieron las mediciones, o que habían sido medicados por varios años antes, o muchos de los estudios no mencionan las historias de la medicación de los niños. He colocado asteriscos en la Tabla 3.2 en los casos en que los medicamentos pueden afectar, directa o indirectamente, estas mismas áreas del cerebro, sistema nervioso, o química. Al decir "indirectamente" me refiero a que las drogas estimulantes suprimen el crecimiento físico de todo el cuerpo y disminuyen la producción de la hormona del crecimiento (Brown y Williams 1976; Joyce y otros 1986; Dulcan 1994), resultando en una marcada supresión del crecimiento del cerebro y de la cabeza (Pizzi y otros 1986) y el peso y la estatura (Mates y Gittelman 1983). Este cese del crecimiento puede resultar eventualmente en algunos de los cambios anatómicos encontrados en algunos de estos estudios.

Esta avalancha de investigación, los hallazgos de tantas enfermedades, la contaminación de los estudios, las declaraciones prematuras del descubrimiento de una enfermedad, y la pobre calidad de muchos de estos estudios reducen la credibilidad de la mayoría de ellos ¿Serán verdaderos y precisos? ¿O ninguno de ellos es verdadero ni preciso?

En noviembre de 1998 asistí a la reunión de los institutos nacionales de salud (NIH) sobre el consenso en la atención de los desórdenes del déficit de atención e hiperactividad en Bethesda, Maryland. NIH sostiene reuniones para consenso en áreas de la medicina en las que diagnóstico, investigación y tratamiento producen interpretaciones confusas e inconsistentes. Un equipo de eminentes investigadores, escritores y practicantes revisa todos los aspectos de una controversia a partir de las presentaciones de los científicos que han producido la investigación. La meta del equipo es aclarar los dilemas lo mejor posible. Este año el equipo concluyó que la validez de las teorías de enfermedad o causas biológicas del TDA/TDAH (IA/AM) no era sustentada por la evidencia. Lo que sigue fue tomado del reporte:

> Hasta el momento, no tenemos una prueba para el diagnóstico del TDAH (bioquímica, fisiológica, anatómica, genética, etc.). Por lo tanto, la validez del desorden continúa siendo un problema. (p. 3)

Así es que incluso la organización de National Institutes of Health (NIH) cuestiona la confiabilidad y validez de estos estudios. Por favor tome nota de la siguiente declaración realizada por Russell Barkley (1995) en uno de sus más recientes libros:

> Confundidos por los informes de investigaciones en el sentido de que las mediciones de laboratorio han encontrado diferencias entre los niños con TDAH y los que no presentan TDAH, y por el hecho de que el TDAH es un desorden con una base biológica, muchos padres piden estudios médicos para confirmar el diagnóstico de TDAH. En el presente, no existen pruebas de laboratorio o mediciones que tengan validez para un diagnóstico de TDAH, así que no deben utilizarse rutinariamente los análisis de sangre, de orina, los estudios cromosómicos, los EEG, los promedios de potenciales evocados, las IRM, ni las tomografías (escaneos de TC), en la evaluación de niños con TDAH. (p. 122)

De acuerdo con Barkley estos aparatos, son suficientemente buenos para una declaración nacional de la existencia de una enfermedad y para someter a dos millones de niños a los efectos de las anfetaminas, ¡pero no son suficientemente buenos para confirmar la enfermedad cuando un niño va a consulta! ¿Le asusta esto? Significativamente, Barkley no menciona los estudios de PET, en los cuáles se ha basado principalmente. Los escáners de PET son aún menos confiables que cualquiera de los aparatos que mencionó.

En la reunión de los National Institutes of Health (NIH), James Swanson hizo una declaración parecida a la de Barkley. Sin embargo, en lugar de utilizar el término enfermedad, lo llamó un desorden biológico. Actualmente hay una nueva tendencia a abandonar la palabra enfermedad porque ha aumentado la falta de credibilidad en el término, y en su lugar lo han sustituido con la expresión "desorden biológico". Swanson declaró un desorden biológico en su investigación pero aclaró que estos hallazgos no podían ser confirmados en consultas o pruebas clínicas. Lo confronté públicamente en la reunión y le pregunté si era psicocharlatanería o doble sentido. ¿Cómo podían él o Barkley hacer declaraciones sobre un desorden biológico a partir de su investigación pero no ser capaces de confirmar esto en visitas rutinarias al consultorio utilizando los mismos aparatos? Esto no es ciencia responsable.

El DSM-IV también apoya mi interpretación de las declaraciones de Barkley y Swanson: "No hay pruebas de laboratorio que hayan sido establecidas para el diagnóstico en la determinación clínica del Trastorno de Déficit de Atención/Hiperactividad" (p. 81).

La psiquiatra Josephine Wright (1997) afirma: "Pero el TDAH no ha sido claramente definido como enfermedad, como la neumonía". Aún así, insiste en llamarlo enfermedad. La utilización tan amplia del término enfermedad resulta, para mí, en niños sometidos a drogas, y por lo tanto debería evitarse mientras no haya una definición clara del término enfermedad, o hasta que el criterio de Baldwin y el mío se satisfagan.

Actualmente se están presentando dos tendencias en psicología y psiquiatría como resultado de este cuestionable patrón de investigación: primero, una cantidad de psicólogos y psiquiatras están abandonando el uso de línea dura del término enfermedad, y segundo, están apoyando una línea más suave, creyendo que hay cierto grado de diferencia fisiológica que, en el presente, no puede ser verificada. En 1999, DeGrandpre afirmó que los desórdenes de déficit de atención no son una "enfermedad", sino más bien una condición que refleja la bioquímica y fisiología del sistema nervioso del individuo. Esto significa que sólo reflejan las diferencias bioquímicas de personas normales, tal como lo mencioné antes. DeGrandpre (1999) afirmó que, debido a todos los resultados inconsistentes de estos estudios, no podemos, por más que ampliemos la imaginación, asumir que el TDA y el TDAH son enfermedades, y no podemos apoyarnos en investigaciones y diagnósticos que no definen claramente sus variables o términos.

En 1998 en la Convención de la Asociación Americana de Psicología en San Francisco, debatí con A. D. Anastopoulos y G. J. DuPaul, ambos defensores de la teoría de enfermedad y promotores del Ritalín. Ellos indicaban que el TDA/TDAH (IA/AM) podría ser una enfermedad, pero que hay diferencias fisiológicas y agregaron: "Algún día estamos seguros de que las encontraremos". Una vez más, ¿están engañando al público y a la comunidad profesional al inferir que éstas son diferencias anormales o enfermas en lugar de ser sólo diferencias dentro del amplio rango de patrones normales de comportamiento, como creo yo?

Con un número cada vez mayor de escépticos, con una falta de investigación creíble, y ahora con la declaración de la NIH, el asunto de la enfermedad se está desgastando. Espero que lo que presento aquí informe al público y a mis colegas en relación con lo que ha estado sucediendo. Breggin (1998) señala que este asunto de la enfermedad tiene que resolverse, ya que las consecuencias son que más y más niños que están tomando anfetaminas diariamente en aras de tratar la "enfermedad" de Trastorno de Déficit de Atención y Trastorno de Déficit de Atención e Hiperactividad.

Por favor tenga en mente que los hallazgos fisiológicos a los que me he referido son, en realidad, demasiado poco significativos y cuestionables hasta el momento. La investigación es tan enredada y desconcertante que nadie puede realmente sacar conclusiones a partir de ella.

La estrategia del volumen

Schlessinger (1988) y DeGrandpre (1999) se refirieron a esta investigación como "ciencia chatarra"; yo la llamo "ciencia antiética". La mayor parte de la investigación es financiada por las compañías farmacéuticas. Pobre del investigador que no encuentre una enfermedad —tendrá considerable dificultad para obtener financiamiento para realizar más investigación. Y en las escuelas médicas y universidades, hay presión para conseguir más y más dinero proveniente de subvenciones. El investigador que no lo consiga no puede esperar promociones o aumentos salariales sustanciales (Valenstein 1998). Las publicaciones científicas psiquiátricas y, más recientemente, las psicológicas, dependen cada vez más de la publicidad farmacéutica para continuar siendo costeables (Valenstein 1998). ¿No es éste un conflicto de interés ético?

La facilidad con que se consigue financiamiento de las compañías farmacéuticas está detrás de la actual avalancha de investigación y hallazgos falsos. En lugar de calidad, estamos siendo convencidos de la existencia de enfermedades por un volumen abrumador. Y parece estar funcionando. Con tristeza debo decir que ya no puedo confiar en lo que leo en las publicaciones psiquiátricas y psicológicas. Tal vez nuevas demandas legales conduzcan a un cambio.

La cuestión de qué es lo que puede causar las diferencias físicas

Si alguna vez se llegan a realizar hallazgos en verdad, será difícil determinar si estas diferencias fisiológicas causan el TDAH o si fueron otras cosas las que causaron estas diferencias subyacentes. Sabemos que el entorno definitivamente afecta nuestro comportamiento y nuestro pensamiento, y puede afectar la estructura de nuestro sistema nervioso. Los estilos de vida estresantes pueden producir cambios conductuales, cognitivos y físicos. Al igual que los estilos de crianza. Los patrones de pensamiento o cognitivos que son característicos de los niños con TDAH pueden producir las diferencias fisiológicas. Señalé en uno de mis artículos sobre investigación (Stein y Baldwin 2000) que el estado de agitación autoinducida en que se mantiene el niño con TDAH también puede producir estos cambios físicos y biológicos. Todo esto significa que los cambios físicos podrían ser resultantes, como ya lo planteamos. Creo que Josephine Wright (1997) está en un error cuando escribe:

> Durante la última parte de los años sesenta, médicos e investigadores empezaron a darse cuenta con mayor certeza de que los síntomas que conforman el TDAH son biológicos y posiblemente de origen genético —no un resultado de una crianza pobre, su medio ambiente o el que los niños sean meramente "malos". (p. 17)

Como puede ver a partir de lo que he expuesto, esta afirmación no está bien fundamentada. Es la expresión de lo que desean aquellos que apoyan el uso del Ritalín. Su siguiente frase afirma:

> El uso de estimulantes, particularmente el Ritalín, se volvió cada vez más común en la medida en que los padres buscaron desesperadamente un tratamiento efectivo.

Mi respuesta ante esto es que la medicación ya no es el único tratamiento accesible: el Programa de Habilidades para Cuidadores es igual o incluso más efectivo y es una alternativa mucho más sana para los niños.

Recuerde mi posición: Hay diferencias fisiológicas en las personas con TDA/TDAH (IA/AM), al igual que las hay para todas las formas de comportamiento humano. Esto no justifica la declaración de una enfermedad o desorden biológico, y no justifica meterles anfetaminas a los niños. Pregúntese: ¿Por qué es que tantos psicólogos y psiquiatras están tratando de probar que es una enfermedad o desorden biológico? ¿Por qué están tratando de justificar con tanto fervor el darles drogas a los niños? ¿Cuál es su motivo?

Teorías de los genes y cromosomas

Recientemente ha habido un aumento en la investigación para descubrir los componentes genéticos o del ADN y cromosomas que están detrás del TDA/TDAH (IA/AM). La tabla 3.3 muestra que puede estar surgiendo un patrón similar al de las teorías de enfermedad. Note la amplia variedad de genes identificados como "causantes" de desórdenes de atención. Parece que de nuevo ha empezado la carrera.

Tabla 3.3

Teorías de genes y cromosomas

Gen	Autor	Fecha del artículo
Frágil X	Fundación Nacional Frágil X	1998
Transportador de Dopamina	Comings, D. E.	1996
Receptor D4 de Dopamina		
Dopamina B —hidroxilasa		
Receptor de Dopamina D2		
Receptor de Serotonina 1A		
Triptófano 2,3 —dioxigenasa de Monoamina oxigenasa A y B		
C 4B	Odell, J. D.	1997
DAT 1	Cook, E. H. *et al.*	1995
Monosomia AX	Samago-Sprouse, C.	1999

Es importante notar el significado de esta investigación. Encontrar los genes clave significa encontrar la causa última de las anormalidades fisiológicas o enfermedades que los investigadores no podían hallar en primer lugar. Esto podría significar que la biología, y no el medio ambiente, sería la etiología última o agente causal.

Los hallazgos relacionados con el ADN parecen tan impresionantes y nebulosos científicamente tanto para el público como para la comunidad profesional, que se ha iniciado una búsqueda para abrir esta nueva vertiente para respaldar las teorías de enfermedad. Ahora mismo están siendo favorecidos los genes que afectan la producción de un neurotransmisor llamado dopamina, sustancia química presente en el sistema nervioso que propicia la transmisión de impulsos eléctricos dentro del cerebro y el sistema nervioso. Los desequilibrios en la producción de dopamina han sido relacionados con una variedad de desórdenes mentales que incluyen la esquizofrenia, el desorden obsesivo-compulsivo, la drogadicción y ahora el TDAH.

Por favor entienda que si se logra relacionar el ADN o algún gen con el TDA/TDAH (IA/AM), como probablemente se hará algún día, aún no significaría que es una enfermedad. Probablemente signifique que hemos encontrado un componente que contribuye a las diferencias fisiológicas en los niños etiquetados como TDA/TDAH (IA/AM), y nada más. Eventualmente, encontraremos que estos componentes genéticos se relacionan con casi cualquier patrón de comportamiento, incluyendo extroversión e introversión, ansiedad, ser una persona feliz o triste, ser energético o no, activo o menos activo, y así sucesivamente. Una vez más, ninguno de estos comportamientos es una enfermedad. Los hallazgos relacionados con el ADN sólo explican los genes y las fisiologías que están detrás de cada forma de comportamiento normal. Así que aún tenemos que enfrentar el tema de los límites bien definidos para la definición de enfermedad *versus* no enfermedad.

Un argumento importante contra las teorías genéticas es el crecimiento de 400 a 500 por ciento en el diagnóstico de TDA/TDAH (IA/AM) a partir de 1988. Las características genéticas generalmente se mantienen estables de una generación a la siguiente. Si aumentan, su incremento sería ligero, y no de 400 a 500 por ciento. Tal aumento se atribuye más bien a cambios sociofamiliares, los cuales han sido muy dramáticos en los últimos veinte años, que a las teorías genéticas. También necesitamos considerar que tal vez nuestros niños han estando teniendo un desempeño tan pobre de acuerdo con los parámetros educativos, que ha aparecido una tendencia creciente a ejercer un mayor control sobre el comportamiento de los estudiantes. Incluso las alteraciones ligeras podrían interferir con el desempeño de la clase, y tal vez los maestros se estén sintiendo presionados para señalar aún las perturbaciones más ligeras en el ambiente de aprendizaje. O tal vez el crecimiento de los problemas en nuestra sociedad se está sumando al aumento de alumnos disruptivos en el salón de clases, y más y más maestros los están señalando. En el capítulo 4 examinaremos los argumentos de los cambios familiares y sociales para ayudar a explicar esta explosión en la incidencia de niños inatentos y altamente mal portados. Considero estos argumentos como más convincentes que cualquiera de las teorías de enfermedad.

Encontrar un componente fisiológico y un componente genético subyacente sólo indicaría que un niño tiende a ser más activo. Todos sabemos que algunos niños nacen activos y otros nacen más dóciles. Si un niño activo tiene papás que no tienen buenas habilidades de crianza intuitivas, en una familia en la que también hay problemas ambientales y estrés, entonces las condiciones podrían ser perfectas para que surja un patrón de comportamiento de TDAH (AM). En cambio, si un niño nació más dócil, entonces una crianza pobre y las tensiones ambientales podrían producir un patrón de comportamiento de TDA (IA).

Los hallazgos en genética podrían no ser tan cruciales ya que, como dijo B. F. Skinner (1971): "No hay nada que podamos hacer al respecto". Todo lo que podemos hacer es alterar el comportamiento del niño controlando las condiciones ambientales. Al utilizar el PHC para la crianza, podemos controlar totalmente los problemas del TDA/TDAH —sin medicamentos— ya sea genético o no.

En mi investigación sobre el PHC, utilicé un cuestionario para los padres que empataba directamente con los indicadores del DSM-IV para detectar TDA/TDAH. Apliqué la lista tres veces: en la evaluación inicial, después de que se terminó el tratamiento, y en el contacto de seguimiento con los padres que se realizaba al término de un año. En la primera sesión, ninguno de los niños tenía todas las características de la lista, ni en el contacto de seguimiento realizado un año después. ¿Se había curado la enfermedad? ¿A dónde se fue? Espero que los investigadores midan para averiguar si alguno de sus llamados signos fisiológicos aún está presente después del tratamiento del PHC. Tales hallazgos serían muy útiles.

Hallar componentes fisiológicos del comportamiento aún no justifica suministrar anfetaminas a los niños. ¿Recuerda la canción de Zager y Evans "En el año 2525"? Predecía que nuestro comportamiento estaría determinado por la píldora que tomaríamos cada día. ¿Podemos ceder nuestras almas, nuestro libre albedrío, a las píldoras? Si continuamos como vamos, eso es exactamente lo que vamos a hacer a nuestros niños.

Las pruebas psicológicas no diagnostican una enfermedad

Cuando estaba estudiando para mi doctorado, me pidieron que tomara una muy extraña mezcla de cursos. Algunos de ellos incluían aprender cómo administrar e interpretar pruebas psicológicas. Otros incluían revisar la literatura sobre qué tan válidas eran estas mismas pruebas. Estaba profundamente confundido. Había tantos tipos distintos de pruebas, las pruebas proyectivas de personalidad, las pruebas objetivas de personalidad, las pruebas de coeficiente intelectual (IQ), las pruebas de cuestionarios estandarizados, las pruebas de logro y educativas. Era abrumador.

Entonces leí un libro increíblemente erudito de Walter Mischel (1968) llamado *Personalidad y evaluación*. Mischel revisaba cuidadosamente y resolvía las complejidades de la comprensión de lo que estas pruebas podían y no podían lograr. ¿Pueden estas pruebas predecir el comportamiento? Aprendí que un aspecto crucial en la utilización de estas pruebas era qué tan bien podían predecir el comportamiento real, esto es conocido como criterio de validez. Aprendí que las pruebas de personalidad eran casi tan válidas como la Ouija. Tenían poca o ninguna validez, ya que no podían predecir cómo se iba a comportar alguien en realidad.

Las pruebas de IQ, desempeño y educativas eran (y aún son) medianamente válidas para predecir qué tan bien se podría desempeñar un individuo en un entorno académico, esto es, en la escuela. No predecían el comportamiento o la conducta. Sólo indicaban qué tan bien se podían desempeñar académicamente.

También aprendí que los cuestionarios son sólo entrevistas estructuradas que hacen interrogaciones específicas sobre cómo nos comportamos realmente. Son preguntas sustituto del psicólogo, que meramente cuestionan a los padres o maestros sobre lo que observan que hace el niño en la casa y la escuela. No son pruebas.

He incluido ejemplos de los cuestionarios primarios, las Escalas Connors. Éstas son listas para que los maestros o padres palomeen sus observaciones, con puntaje arbitrario asignado a cada pregunta. Cuando se suman los puntos de los observadores y alcanzan un número arbitrario, el niño es etiquetado ya sea como TDA o como TDAH. Eso es todo lo que se requiere. Es una etiqueta. No indica ninguna enfermedad subyacente.

Observaciones de los padres

Nombre del niño: Edad del niño: Sexo del niño: Nombre del padre:

Instrucciones: Lea cada uno de los siguientes puntos cuidadosamente y decida qué tánto cree que su niño ha padecido este problema durante el mes pasado.

Nada	Sólo un poco	Bastante	Mucho	CPRS-48

0 1 2 3   1. Juguetea con cosas (uñas, dedos, pelo, ropa).
0 1 2 3   2. Es irrespetuoso con los adultos.
0 1 2 3   3. Excitable, impulsivo.
0 1 2 3   4. Chupa o mastica (dedo, ropa, cobijas).
0 1 2 3   5. Tiene ensoñaciones.
0 1 2 3   6. Dificultad para aprender.

Comportamiento en el salón de clase

Nombre del niño: **Edad del niño:**   **Sexo del niño:**   **Nombre del padre:**

Instrucciones: Lea cada uno de los siguientes puntos cuidadosamente y decida qué tánto cree que su niño ha padecido este problema durante el mes pasado.

Nada   **Sólo un poco**   **Bastante**   **Mucho**   **CTRS-39**

0 1 2 3   1. Juguetea constantemente.
0 1 2 3   2. Hace ruidos extraños.
0 1 2 3   3. Inquieto o sobreactivo.
0 1 2 3   4. Inatento, se distrae fácilmente.
0 1 2 3   5. No logra terminar lo que empieza —curva corta de atención.
0 1 2 3   6. Tiene ensoñaciones.

Observaciones del profesor

Nombre del niño: **Edad del niño:**   **Sexo del niño:**   **Nombre del padre:**

Instrucciones: Lea cada uno de los siguientes puntos cuidadosamente y decida qué tánto cree que su niño ha padecido este problema durante el mes pasado.

Nada   **Sólo un poco**   **Bastante**   **Mucho**   **CTRS-28**

0 1 2 3   1. Inquieto, se retuerce todo el tiempo.
0 1 2 3   2. Hace ruidos inapropiados cuando no debería hacerlos.
0 1 2 3   3. Se distrae o tiene problemas con su curva de atención.
0 1 2 3   4. Perturba a otros niños.
0 1 2 3   5. Tiene ensoñaciones.
0 1 2 3   6. Inquieto, siempre de pie y en acción.

Si un niño obtiene una calificación positiva para TDA/TDAH, eso sólo significa que ha acumulado suficientes puntos para ser llamado TDA/TDAH. No quiere decir que tenga TDA/TDAH. Con las etiquetas IA/AM, espero cambiar esa percepción.

Extrañamente, encuentro que incluso los psicólogos, psiquiatras y educadores no logran comprender este concepto. Cuando un niño alcanza suficientes puntos y una etiqueta, los profesionales erróneamente creen que han descubierto una enfermedad. Cuando le dicen a un padre que su niño tiene TDA/TDAH, honestamente creen en lo que dicen. Pero no es exacto —es sólo una etiqueta y no la prueba de una enfermedad.

Siempre que sea posible, los conductistas prefieren la observación directa de un niño para determinar si él o ella es inatento (IA) o altamente mal comportado (AM). Para ellos, los cuestionarios son sólo sustitutos al hecho de estar en el lugar, o en el mundo real, para poderlos observar realmente. Aunque esto aumenta la precisión de las etiquetas, no respalda la inferencia de una enfermedad.

Espero que este capítulo aclare los puntos relacionados con el tema de si existe una enfermedad. Puede haber patrones fisiológicos subyacentes para TDA/TDAH (IA/AM), pero sólo reflejan los patrones normales de niños más activos. Podría existir un componente genético para estos patrones fisiológicos normales; y las pruebas psicológicas son sustitutos de la observación para etiquetar, y no son indicativas de que el niño tiene una enfermedad.

El siguiente capítulo se dedica a los problemas familiares y sociales que realmente podrían estar detrás de la explosión en el diagnóstico de TDA/TDAH (IA/AM).

CAPÍTULO 4

La familia moderna y los problemas sociales que están detrás de la explosión del TDA/TDAH (IA/AM)

Si recuerda, antes mencioné que ha habido un aumento de casi 500 por ciento en los niños diagnosticados con TDA/TDAH (IA/AM) desde1989. ¿Hay otras posibles causas que las que pueden explicar las teorías neurobiológicas y de enfermedad?

Si enfrentamos a niños normales que pueden haber tenido una predisposición al nacer para ser más activos, a algunos de los problemas sociales que hoy afrontan las familias norteamericanos, entonces tenemos el ambiente perfecto para desarrollar todo tipo de problemas infantiles, incluyendo TDA/TDAH (IA/AM). Note que he dicho "predisposición para ser más activos". De hecho, todos sabemos que algunos niños son más activos al nacer, pero también sabemos que están dentro de los límites normales. Agregue años de tensiones ambientales y familiares a esta predisposición, y aumentamos el riesgo de que los niños desarrollen problemas. ¿Podría ser que algunos de estos problemas fueran causados por una falta de motivación para desempeñarse bien en la escuela? SÍ. ¿Podrían algunos de estos problemas deberse a un deseo de poner a prueba a las figuras de autoridad y portarse mal frecuentemente? SÍ. ¿Podrían algunos de estos problemas tomar la forma de comportamiento temerario e impulsivo? SÍ.

Este capítulo explorará algunos de los problemas familiares y sociales que enfrentan los niños hoy. Estos problemas contribuyen mucho más a la explosión epidémica de diagnósticos de TDA/TDAH (IA/AM) que a la constitución biológica de estos niños.

¿Qué es TDA/TDAH?

Sospecho que muchos de los que están leyendo este libro han repasado los criterios de diagnóstico infinidad de veces. Pero por el bien de los lectores que no lo han hecho, incluí los criterios del DSM-IV en la tabla 4.1.

Tabla 4.1

Criterios para atención de desórdenes de Déficit de Atención/Hiperactividad
Manual de Diagnóstico y Estadística-IV para Psiquiatría y Psicología

Ya sea (1) o (2):

(1) Seis o más de los siguientes síntomas de falta de atención han persistido por al menos seis meses a un grado que es desadaptante e inconsistente con su nivel de desarrollo:

Falta de atención:

   (a) frecuentemente no logra centrar su atención en los detalles o comete errores por descuido en sus tareas escolares, trabajo u otras actividades;

   (b) frecuentemente tiene dificultad para mantener su atención en tareas o actividades de juego;

   (c) frecuentemente no parece escuchar cuando se le habla directamente;

   (d) frecuentemente no sigue instrucciones hasta el final y no termina sus tareas escolares, deberes o responsabilidades en el trabajo (no debido a una conducta de resistencia o a no comprender las instrucciones);

   (e) frecuentemente se le dificulta organizar metas y actividades;

   (f) frecuentemente evita, muestra desagrado o se resiste a involucrarse en tareas que requieren un esfuerzo mental sostenido (como las del trabajo escolar o las tareas);

   (g) frecuentemente pierde cosas que son necesarias para realizar tareas o actividades (por ejemplo, juguetes, tareas escolares, lápices, libros o herramientas);

   (h) frecuentemente se distrae por estímulos desconocidos;

   (i) frecuentemente olvida las actividades diarias.

(2) Seis o más de los siguientes síntomas de hiperactividad-impulsividad han persistido por al menos seis meses a un grado que es desadaptante e inconsistente con el nivel de desarrollo:

Hiperactividad:

(a) frecuentemente juguetea con sus manos o pies o se revuelve en su asiento;

(b) frecuentemente se levanta de su lugar en el salón de clases o en otras situaciones en que se espera que se mantenga sentado;

(c) frecuentemente corre o se trepa excesivamente en situaciones en las que es inapropiado (en adolescentes o adultos podría estar limitado a sentimientos subjetivos o intranquilidad);

(d) frecuentemente tiene dificultad para jugar o involucrarse en actividades recreativas tranquilamente;

(e) frecuentemente trabaja sin descanso o parece como si fuese impulsado por un motor;

(f) frecuentemente habla en exceso.

Impulsividad:

(a) frecuentemente lanza respuestas antes de que se hayan acabado las preguntas;

(b) frecuentemente tiene dificultad para esperar turno, interrumpe o se mete con otros (por ejemplo, se entromete en conversaciones o juegos).

Notará que los niños con TDA no tienen muchos de los problemas de conducta enumerados: simplemente no prestan atención a su trabajo escolar. Es por eso que prefiero llamarlos inatentos o IA. El problema es cognitivo, relacionado con pensamientos, creencias y motivación. No prestan atención a actividades que no les gustan, lo que es muy frecuente con el trabajo escolar, y pondrán atención a actividades que les gustan, tales con la televisión o los video juegos. Russell Barkley repetidamente ha atribuido esta atención selectiva a alguna misteriosa enfermedad. Yo lo atribuyo a una selectividad o falta de motivación. Odian la escuela y, por lo tanto, no prestan atención. Les gusta la televisión y, por lo tanto, le prestarán atención por horas. Esto tiene más sentido para mí que alguna misteriosa enfermedad altamente selectiva que nadie puede encontrar.

Las características primarias de los niños con TDA/TDAH son que no prestan atención y se portan muy mal. Los teóricos de la enfermedad afirman que no se pueden controlar a menos que les den medicamentos. Después de más de veinte años de trabajar exitosamente con estos niños, sé de hecho que se pueden comportar, y pueden prestar atención cuando se supone que tienen que hacerlo —todo sin medicamentos.

Una de las lecciones más importantes que hemos aprendido en psicología durante los últimos treinta años es que los comportamientos resultan de patrones cognitivos (de pensamiento o creencias). Para cambiar los comportamientos problemáticos de niños con TDA/TDAH efectivamente es esencial comprender las cogniciones que hay detrás. Los patrones cognitivos básicos son:

1. Simplemente NO PIENSAN.
2. Odian la escuela.
3. No son previsores y no consideran que las metas a largo plazo sean importantes.

Fue Phil Kendall (1996) quién enfatizó repetidamente que el problema principal del TDA/TDAH (IA/AM) es no pensar. Esto significa que no prestan atención a su comportamiento; no prestan atención a las reglas; no se fijan en lo que están haciendo; se lanzan a hacer cosas a todo vapor sin pensarlo. Los patrones cognitivos adicionales incluyen odiar el trabajo escolar y la falta de previsión. Note que dije odiar el trabajo escolar, y no odiar la escuela. Algunos TDA/TDAH disfrutan ir a la escuela y estar con amigos, pero casi sin excepción odian el trabajo escolar. Para ellos el trabajo escolar es un aburrido trabajo pesado, al que dedicarán sólo el mínimo esfuerzo con el fin de terminarlo para cumplir. Esto explica por qué su trabajo a menudo queda incompleto y mal hecho. Frecuentemente, los TDA/TDAH son diagnosticados con una "enfermedad" copatológica llamada agrafia, o mala escritura. La agrafia está señalada por el DSM-IV como un problema de aprendizaje. Como dice John Rosemond, éste es otro ejemplo de psicocharlatanería. Para mí, es sorprendente el que esta pretendida "enfermedad" también desaparece cuando sus comportamientos de TDA/TDAH son controlados. Cuando se les pide que pongan atención y completen su trabajo escolar con más cuidado, su escritura mágicamente se vuelve "normal".

Nuestro trabajo en el PHC no es meramente controlar su comportamiento sino entrenarlos para poner atención, estar conscientes de lo que están haciendo, y apreciar el impacto que tienen sus comportamientos en quienes los rodean en todo momento —en otras palabras, entrenarlos para que empiecen a pensar activamente. Hay pasos adicionales que los padres pueden tomar para ayudar a los niños con TDA/TDAH para que amen aprender y desarrollen un fuerte sentido de propósito, orientado por metas para sus vidas.

Uno de los aspectos interesantes de los criterios del DSM-IV para TDA/TDAH (IA/AM) es que la constelación de distracciones y faltas de comportamiento que se enumeran ocurren, en su mayoría, en la escuela. No sé de ningún escritor o investigador que se haya fijado en este patrón. Un elemento mayor en el PHC es cambiar el énfasis de trabajar con estos niños inicialmente en la escuela al hogar. Primero trabajamos en el conjunto de comportamientos inadecuados que ocurre dentro de la familia o en el entorno familiar, donde los padres pueden ejercer mucho más control sobre ellos. Una vez que estos niños se han estabilizado en casa, los problemas escolares desaparecen automáticamente en casi el 80 por ciento de ellos. En el restante 20 por ciento, se necesitará trabajo adicional para lograr que estos niños presten atención, se comporten adecuadamente, y hagan su trabajo en la escuela diligentemente.

¿Cuáles son los problemas sociales y familiares que están ayudando a que aumente la creciente frecuencia de niños que son IA (TDA) y AM (TDAH)?

La ajetreada, acosada y abrumada familia americana

Recuerdo que en mis cursos de psicología de los años sesenta se pronosticaba que la tarea de los futuros psicólogos sería ayudar a la gente a manejar el excesivo tiempo libre. No sucedió así ¿o sí?

Los cambios sociales y económicos han exigido a la familia americana que lidie con una abrumadora y estresante rutina diaria. Considere que en la mayoría de los hogares con dos padres, ambos tienen que trabajar para completar los gastos. Las dificultades financieras y el estrés cotidiano son aún mayores para los padres sin pareja, que actualmente representan más del 50 por ciento en los hogares americanos. La carrera diaria empieza en las primeras horas de la mañana, alrededor de las 6 a.m., tomar café, levantar a los niños, alimentarlos, dejarlos solos para que tomen el camión escolar porque usted tiene que llegar al trabajo, o llevar a los pequeños a la guardería, luchar contra el tráfico y después trabajar todo el día en su estresante trabajo. Después del trabajo, hay que luchar nuevamente contra el tráfico, recoger a los pequeños de la guardería, y regresar a una casa que parece como si hubiera sido arrasada por un huracán. Preparar la merienda, comer (usualmente frente a la televisión), limpiar la cocina, correr alrededor de la casa limpiando manchitas y alzando ropa del piso, ayudar a los niños a hacer su tarea, bañarlos, y ojalá que poder arroparlos a la hora de ir a la cama. Los fines de semana son poco mejores. Normalmente están llenos de un montón de tareas pendientes como ir a hacer las compras al supermercado, lavar, limpiar la casa, arreglar el patio, lavar los autos, comprar la ropa que hace falta u otras necesidades, y así sucesivamente. Me cansa sólo escribir esta lista.

¿Cómo pueden los niños satisfacer sus necesidades de amor, atención, crianza y guía con este frenético estilo de vida? El escritor Thomas Moore en su libro *Cuidado del Alma* (1992) llama a esto "El Síndrome Modernista". Afirma que estas condiciones son perfectas para que nosotros y nuestros niños desarrollemos todo tipo de problemas emocionales, de comportamiento y psicológicos, incluyendo el TDA/TDAH (IA/AM).

En casi todos mis escritos, hablo de la negligencia *de jure* y *de facto* hacia los niños. La negligencia *de jure* es severa, caracterizada por la falta de alimentación y vestido, en la que pueden intervenir las autoridades para proteger al niño. La *de facto* no es intencional, y muchas veces hay una negligencia, que no notamos, hacia la gran necesidad de amor y atención de nuestros niños. Demasiados niños son víctimas de este patrón. ¿Cómo pueden desarrollar valores sólidos, estabilidad emocional, auto-control en su comportamiento y un impulso fuerte o motivación para tener éxito, si no hay nadie ahí para enseñarles e inculcarles estas cosas? Más tarde veremos algunas posibles soluciones.

Por favor no se sienta culpable. Las condiciones sociales y económicas que crearon esta forma de vida estaban más allá de su control y del mío. Pero hay cosas que podemos hacer para, posiblemente, controlar parte de nuestras vidas y ser capaces de cuidar a nuestros niños más efectivamente.

Timothy

Timothy tenía ocho años cuando lo vi por primera vez. El consejero de su escuela lo envió a verme. En la primera entrevista, sus padres dijeron que el psicólogo de la escuela lo había evaluado y diagnosticado como TDAH. En la escuela rara vez terminaba lo que le pedían, a menudo jugaba con bolígrafos pretendiendo que eran cohetes, hablaba frecuentemente, empujaba en las filas, hacía su trabajo con descuido y constantemente platicaba con los niños que tenía cerca durante las lecciones. Cuando lo reprimía el profesor, inmediatamente se comportaba bien, sólo para volver a portarse mal cinco minutos después.

En casa, sus padres tenían que repetirle las órdenes varias veces hasta que hacía caso; tenía episodios diarios de berrinches; sollozaba y lloraba frecuentemente cuando no se salía con la suya; no hacía su tarea hasta que uno de sus padres se sentaba con él; constantemente peleaba con su hermana; dejaba un tiradero por toda la casa, y así sucesivamente. Sus padres le gritaban varias veces al día y le daban nalgadas de tres a cinco veces por semana.

Ambos padres de Timothy trabajaban. Lo dejaban solo cada mañana para que cerrara la casa y fuera solo a la parada del autobús. Después de la escuela, pasaba por él la camioneta de la guardería y se quedaba ahí hasta las 6 p.m., cuando lo recogían sus padres. Al llegar a casa, el ritual diario dictaba que tomara la merienda en su cuarto viendo televisión. Sus padres tomaban la suya en la sala viendo las noticias. Normalmente, él terminaba su tarea en la escuela o en la guardería, y claro que usualmente estaba incompleta y descuidada. Después de la cena, Timothy o veía la televisión o jugaba videojuegos en su cuarto. Frecuentemente vagaba por la casa metiéndose en problemas con su hermana y sus padres. El padre de Timothy normalmente pasaba la noche haciendo trabajo de su oficina o viendo la televisión. Su madre limpiaba la casa. Usualmente había una batalla a la hora de acostarse para lograr que se bañara y se fuera a dormir.

Los fines de semana de Timothy pasaban frente a la televisión o afuera jugando con los vecinos. Sus padres generalmente estaban ocupados con tareas domésticas. La familia no asistía a la iglesia.

Observando el caso de Timothy, podemos ver claramente un patrón de negligencia *de facto*. Después de que sus padres tomaron conciencia de lo que estaba sucediendo, y después de que los entrené para el PHC, todas estas rutinas cambiaron. Sus padres estaban totalmente inconscientes de que eran negligentes con él. Controlaron a Timothy y cambiaron sus rutinas para darle el amor, el tiempo y la atención que necesitaba desesperadamente. El caso terminó bien.

Cambio de casa

Cuando doy pláticas y menciono el mudarse, el público frecuentemente lo toma a broma. Pero conforme desarrollo mis puntos empiezan a escuchar.

¿Sabía que alrededor del 20 por ciento de las familias en los Estados Unidos se mudan anualmente? El servicio postal reporta que cuarenta millones de familias se mudan de una ciudad a otra cada año.

Las corporaciones les piden que se cambien, especialmente para promoverlos. También lo requieren los militares, y muchas veces se necesita terminar el entrenamiento de educación media y superior. En mi calle, se vendieron cuatro casas sólo en este año. Cada hogar tenía niños pequeños.

¿Qué impacto tiene la mudanza sobre los niños? De hecho, la pérdida del entorno conocido, los amigos y su escuela es tremendamente difícil para ellos. Entonces, una vez que se han reubicado, imagine lo que es ser "el nuevo chico en la cuadra". Es tan difícil para los niños hacer nuevos amigos.

Las pérdidas repetidas que resultan de mudarse sofocan la motivación de los niños. ¿Para qué esforzarse cuando les arrancan continuamente lo que tienen? ¿Para qué preocuparse por nada si continuamente lo pierden? Lastima demasiado sostener tales pérdidas.

El trastorno emocional producido por la agitación de la mudanza puede manifestarse bajo la forma de comportamientos disruptivos, sólo para atraer atención. Puede expresarse no atendiendo a su trabajo ya que es tan desmoralizador empezar a probarse a sí mismo una vez más en una escuela nueva. ¿Cómo pueden funcionar y concentrarse los niños cuando están nerviosos debido a tales agitaciones en sus vidas?

Pero hay un problema más poderoso relacionado con la mudanza, que contribuye dramáticamente a la creación del niño TDA/TDAH (IA/AM): la pérdida de la familia extensa.

Pérdida de la familia extensa

La familia extensa formó los cimientos de la vida familiar en los Estados Unidos hasta alrededor de 1970. Los sociólogos describen la familia de parentesco extendido como la consistente en la abuela, el abuelo, las tías, los tíos y los primos. Vivían cerca unos de otros. Podrían haber discutido entre ellos, pero había un amor profundo. Los miembros de la familia estaban ahí para apoyarse y ayudarse en los tiempos difíciles. Pero era de particular importancia que la dedicación y el amor a los niños era el centro de la atención de la familia.

Los niños eran la esperanza familiar. Las generaciones futuras eran consideradas como el vehículo para una vida mejor. La familia extensa era una fuerza poderosa dentro de la que los niños desarrollaban valores para triunfar, salir adelante y ayudar a elevar el nivel socioeconómico de la familia. Los niños que crecían rodeados de esto estaban poderosamente motivados para salir bien en la escuela. Para la mayoría de las familias, la educación era considerada como el vehículo más importante para una movilidad social ascendente y como esperanza para el futuro. Los niños tomaban la universidad con seriedad. Todos los miembros de la familia les inculcaban profundos valores para que triunfaran. Los niños que desarrollan estos profundos valores no desarrollan TDA/TDAH.

Otros importantes valores se aprendían a través de la familia más grande. La mayoría de los miembros de la familia también inculcaban repetidamente la honestidad, la integridad, el compartir y el ayudar. Un niño estaba rodeado de una amplia dotación de modelos de roles que les proporcionaban estos fuertes valores y creencias e impulsaban a los niños a adoptarlos. Las mudanzas han dispersado a las familias a lo largo y a lo ancho, y ahora la familia extensa está casi extinta.

Ya que esta forma de vida desapareció de la escena americana, principalmente debido al aumento de la movilidad, ha desaparecido un mecanismo primario para enseñar a los niños valores profundos. ¿Es extraño que al faltar esta estructura familiar que rodeaba a los niños estemos viendo la explosión en el diagnóstico de TDA/TDAH (IA/AM)? ¿Se da cuenta de lo que esto hace a los niños?

Hoy los niños no tienen ni a la familia inmediata ni a la extensa. ¿Dónde quedan las fuentes de las que pueden aprender los profundos valores del "apego", el trabajo duro y el amor por la educación? Si estos valores no están profundamente enraizados, entonces ¿por qué tendría que gustarles la escuela a los niños? ¿Por qué tendrían que prestar atención? ¿Por qué tendrían que honrar a las figuras de autoridad? ¿Por qué tendrían que controlar su comportamiento? Estos valores, impartidos por la familia inmediata y la extensa, son la base de los comportamientos. Sin estos valores, no hay límites al comportamiento. Un niño es una oveja descarriada perdida y sin metas. Entonces hacemos que nuestros niños tomen medicamentos para arreglar el problema.

Divorcio

No podemos ignorar la contribución del divorcio a la gigantesca escalada de niños etiquetados como TDA/TDAH (IA/AM). El porcentaje de divorcios actualmente se acerca al 67 por ciento, y los padres sin pareja se elevan a un 50 por ciento de todos los niños.

Me doy cuenta de que muchos de los que están leyendo esto ya se sienten terrible por el impacto que produce un matrimonio destruido en sus niños. No es mi intención herir a ninguno. Yo estoy divorciado. El divorcio es una realidad dura. No podemos negar su impacto en los niños.

Las mismas tensiones producidas por las luchas cotidianas que mencioné anteriormente son tal vez la mayor causa de los hogares destruidos. Es difícil para los miembros de la pareja mantenerse juntos cuando están constantemente cansados y abrumados. Las frustraciones evolucionan hasta volvernos "nerviosos", lo que muchas veces se expresa como enojo con aquellos que están más próximos a nosotros. Estar exhausto no contribuye precisamente a sentirse afectuoso o sexy. Cuando los pendientes se dejan sin terminar, algunas veces pensamos que la otra persona no está haciendo lo que le corresponde. Se acumulan resentimientos, las tensiones crecen y los temperamentos estallan hasta que, después de varios años, los lazos se rompen. Tristemente, son los niños los que pagan el precio más alto.

Frecuentemente se inician peleas después de un rompimiento. El aire se siente denso por la tensión. La tensión probablemente ha estado ahí por años, pero después del rompimiento usualmente empeora. Algunas veces los padres inician pleitos legales que los niños presencian. Sus corazones se rompen cuando ven a las dos personas que aman, y de las que dependen, atacándose. Bajo tales condiciones, se quiebra el espíritu de un niño. Deja de tener interés. El trabajo y la escuela no valen la pena, ya que, de cualquier forma, su vida es tan poco prometedora. Entonces lo llamamos TDA/TDAH (IA/AM).

Las visitas son duras para los niños. Hay poco sentido de estabilidad. Frecuentemente van de una casa con un estilo de crianza y un conjunto de reglas, a otra casa en la que todo es diferente. Cuando entreno a padres divorciados en el PHC, trato diligentemente de hacer que ambos padres asistan a las sesiones para que puedan proveer un entorno consistentemente estructurado para su niño. Los pleitos sobre cómo criar a los hijos paran después de que ambos han completado el entrenamiento.

Padres: ambos deben leer este libro. Si aman a su niño, y sé que así es, pongan sus necesidades antes que cualquier otro asunto entre ustedes. Hagan a un lado sus diferencias. Aprendan cómo ambos pueden cuidar a su niño en una forma sana y amorosa. Las respuestas se encuentran entre las pastas de este libro. Trabajen juntos, como equipo, por el bien del regalo más precioso que Dios les ha dado.

Los padres sin pareja tienen un problema particularmente difícil en la crianza. Si se sentía estresado cuando ustedes eran dos, cuadruplique el sentimiento para los padres solos. Lo que aprenderá aquí controlará a su niño y hará las vidas de ambos más fáciles. De hecho los acercará más.

Sherry y Lynn

Solía enseñar el PHC a grupos de quince familias a la vez, por bloques de ocho semanas. Muchos padres sin pareja asistían a las clases. Dos madres, Sherry y Lynn, tenían ambas niños TDAH (AM) de pesadilla, y ambas tenían enormes problemas financieros. Ninguna de las dos tenía tiempo para una vida social. Las cosas eran difíciles, de hecho.

Sin que yo lo supiera, las dos se iban a tomar café después de cada clase y se hicieron amigas. Desarrollaron una maravillosa solución a su dilema.

Vendieron sus respectivas casas y compraron una más grande, compartiendo los pagos de una hipoteca más baja y otros gastos que se redujeron. Ambas aplicaron el PHC con gran diligencia. Intercambiaban fines de semana durante los cuales una de ellas estaba libre para tener citas o estar con sus amigos mientras la otra se hacía cargo de los niños. En otras palabras, resolvieron muchos de sus problemas.

Durante varios años me enteré periódicamente de que su convenio iba extremadamente bien. Lo más importante, con ambas madres aplicando el PHC, los niños se beneficiaron: todos los comportamientos de TDAH (AM) cesaron, y su desempeño académico mejoró considerablemente.

Medios

Los niños pasan un promedio de cinco horas diarias viendo televisión. Muchos regresan a casas vacías después de la escuela, en las que no hay nadie que los supervise. ¿A dónde se dirigen inmediatamente? Directo a la televisión.

¿Qué ven los niños? Considere los valores distorsionados, perversos que aprenden de los medios. No es sólo el excesivo contenido de sexo y violencia, que es perturbador. Muchos programas infunden mensajes de rechazo a la educación. Está bien odiar la escuela. Los programas frecuentemente presentan modelos de comportamiento rebeldes hacia las figuras de la autoridad. Se presenta el maldecir como lenguaje cotidiano aceptable.

Algunos niños son más maleables y sugestionables que otros, más propensos a adoptar los valores que presencian en los medios. Esto también puede ser una contribución importante a la pérdida de motivación y puede aumentar la falta de respeto hacia las reglas y la autoridad. Este medio puede estar contribuyendo significativamente a la escalada masiva de niños etiquetados como TDA/TDAH.

¿Está empezando a comprender que los valores y la motivación de los niños son una influencia importante en la forma en que se comportan? Veo el TDA/TDAH (IA/AM) no como una enfermedad del cuerpo, sino como una enfermedad de la sociedad moderna. En el capítulo 13 veremos algunos valores importantes que debemos enseñar a los niños y cómo ayudarles a evitar el surgimiento de problemas de atención o eliminarlos. Veremos cómo ocupar el tiempo de los niños constructivamente y reducir su exposición a los medios chatarra.

Hay algunos programas de excelente calidad. Hay programas educativos y recreativos que pueden llenar ampliamente algo del tiempo que pasan viendo televisión: Piense y planee lo que les permitirá ver.

Amigos

Usted puede ser el padre más perfecto del mundo, pero los padres de los niños con los que se relaciona su hijo pueden no serlo. Los valores de otros niños pueden ejercer una fuerte influencia en los valores que desarrolla su niño. Si los amigos de su niño son anti-escuela y no tienen respeto hacia la autoridad, entonces su niño también puede ser así. Más adelante en este capítulo ofrezco algunas soluciones potenciales para ayudar a su niño a desarrollar amistades que ejerzan una influencia más positiva.

Soluciones

En esta sección vamos a explorar algunas perspectivas de soluciones para los problemas que rodean a las familias. Puede aceptar o rechazar estas sugerencias a voluntad. Son sugerencias, no mandatos.

Crianza

Algunas personas tienen una mejor intuición para las habilidades de crianza que otras. Pero considere las cuatro áreas fundamentales de nuestras vidas: criar a nuestros hijos, estar casados, cuidar de nuestras propias emociones y desempeñar nuestros trabajos. Note que la mayoría de nosotros sólo recibe instrucción para una de estas áreas: desempeñar nuestros trabajos. Las otras tres se dejan a la intuición y, a juzgar por las estadísticas, no tenemos promedios de bateo particularmente buenos.

Si su niño es TDA/TDAH (IA/AM), entonces necesita ayuda para aprender como criarlo. De eso se trata este libro. Usted aprenderá cada elemento que necesita para criar a su niño y eliminar los comportamientos problemáticos y los patrones pobres de pensamiento asociados con el TDA/TDAH (IA/AM).

Así que su primer paso es aprender el PHC, empezando en el siguiente capítulo, y tomar el mando de la situación

Tiempo y comunicación

Es crucial crear lazos con su niño. Si tiene una relación cercana, mutuamente amorosa con él o ella, tiene una influencia considerable sobre su hijo.

Una vez que tenga a su niño bajo control con el PHC, el estrés en su vida se reducirá considerablemente; entonces usted realmente disfrutará siendo capaz de dar a su hijo el tiempo y atención que él o ella necesita. Desarrollar una relación cercana, amorosa y disfrutable con su niño es una parte integral de la filosofía del PHC.

1. Levántese 15 o 20 minutos más temprano por las mañanas, y levante a su niño más temprano también. "¿Qué?", debe decir. Créame, vale la pena porque les permite desayunar juntos. Empiece el día con una nota familiar. Convierta el desayuno en una forma cálida y afectuosa de empezar cada día. Haga lo que haga, "no le enseñe ni lo aleccione".

    Hablen de cosas divertidas. Pregúntele sobre lo que va a pasar durante el día. Hablen de los proyectos en los que él está trabajando. Muestre interés por su vida. Comparta algunas cosas que son emocionantes e importantes para usted, pero no se imponga. La regla más importante es escuchar.

    Bromee con él, jugueteen y diviértanse en la mesa durante el desayuno. Empiece su día evitando el típico patrón ajetreado que ha estado siguiendo. Es enervante para todos, y no ayuda a su relación

2. Tomen la cena juntos después de que todos regresen a casa. Eviten comer frente a la televisión, como lo están haciendo cada vez más familias americanas. Una vez más, hablen sobre su día. Bromeen y diviértanse. Escuche, no aleccione. Trabaje en crear lazos. El enseñar valores a su niño debe hacerse con una paciente persuasión y con camaradería. Al acercarse cada vez más como familia, él será mucho más receptivo para aprender de ustedes.

    Pídale que ayude a recoger después de la cena. El PHC le enseñará cómo lograr esto sin que estalle la Tercera Guerra Mundial. Esto debe convertirse en una rutina de todas las noches. Es una buena forma de enseñarle a responsabilizarse y a compartir. Si juguetean y bromean, esto puede ser un momento muy positivo para todos.

3. Cada noche dediquen una hora a leer en familia. Dejen de hipnotizarse con la televisión y apáguenla. Su niño necesita verle leer para valorar la lectura. Mis hijos tienen 13 y 14 años. Cuando leemos juntos, se puede escuchar caer un alfiler. Hemos hecho esto desde que empezaron a leer. Es un tiempo para estar cerca que siempre me ha dado un maravilloso sentimiento de alegría.

4. A la hora de ir a la cama siéntese y hable con su niño individualmente, durante 10 o 15 minutos. Coloque una silla junto a su cama y sólo hablen. Trate de mantener las conversaciones con un tono suave y contenido ligero. La relación es más importante que cualquier lección que le quiera dar. Al acercarse más, usted tendrá más influencia sobre él cuando realmente cuente. Al acercarse más, él querrá aprender de usted. Sea paciente y recuerde que este proceso toma más de 21 años.

5. Tengan su día de culto, ya sea sábado o domingo, su día para descansar y estar juntos. Trate de no tener pendientes y estar totalmente libre en su día de culto. Puede parecer difícil, pero es posible. Pienso en el día de culto como un día tranquilo, orientado a la familia. Una actividad ocasional está bien, pero procure la serenidad.

Los domingos me gusta utilizar el aparato que cocina lentamente, para que después de la iglesia podamos regresar a casa a una maravillosa comida. Haga que esta comida sea relajada, muy relajada. Después de comer, tomen una larga caminata juntos. Deepak Chopra habla de lo bien que las caminatas largas se combinan en una forma de meditación y ejercicio. Las caminatas también pueden ser grandes momentos para la cercanía familiar.

Si su hijo es dócil, tómense de la mano. Desafortunadamente mis chicos ya están demasiado grandes para hacerlo, y lo extraño.

Cuando regresen a casa, lean, jueguen un juego de mesa, tomen una siesta, vean el fuego, ¡simplemente estén cerca! El recordar estos maravillosos días cálidos seguirá siendo importante para su niño a lo largo de toda su vida. Construya tales memorias.

Los días como éstos también son terapéuticos para usted. Necesita el descanso. Es una forma sustancial de construir una vida familiar y desarrollar valores, al mismo tiempo. Esta parte de la vida americana ha estado desapareciendo por más de treinta años pero, como padres, la podemos rescatar.

6. Si son una familia con dos padres, revisen con cuidado su presupuesto y vean si uno de los dos puede renunciar a su trabajo. No se disparen, denme una oportunidad. Si ambos están dedicados a sus carreras, ésta podría no ser una opción atractiva. Pero si uno de los dos tiene un trabajo por el que no está precisamente loco, le podría sorprender descubrir que podría estar mejor económicamente si de hecho renunciara. Los consultores financieros familiares están enseñando cómo hacer esto y salir adelante. Tal vez hay una forma para que uno de ustedes esté más tiempo con los niños.

Intente el siguiente ejercicio:

A. Haga una lista detallada de sus gastos del automóvil relacionados con el trabajo. Incluya:
    (1) gastos de gasolina para ir y regresar del trabajo;
    (2) casetas;
    (3) pérdida del valor de su automóvil por el mayor kilometraje;
    (4) gastos por reparaciones de su auto debido al desgaste por las paradas que hace al ir y regresar del trabajo;
    (5) cuotas de estacionamiento;
    (6) si utiliza transporte público, anote los gastos semanales o mensuales.
B. ¿Cuánto dinero gasta en ropa relacionada con su trabajo?
C. ¿Cuáles son los gastos extra en comida debido a que usted trabaja?
    (1) ¿Compra comida para llevar frecuentemente debido a su apretada agenda? ¿Cuánto gasta? ¿Cuánto ahorraría si se quedara en casa y planeara cuidadosamente el presupuesto de comidas (probablemente más saludables)?
    (2) ¿Come fuera de casa a mediodía en lugar de comer algo simple en casa?
    (3) ¿Cuánto puede ahorrar en sus cuentas del mercado si utiliza cupones de descuento? Sé de familias que pueden reducir sus cuentas $25.00 dólares o más por semana.
D. ¿Cuánto le cuesta la guardería? Donde vivo, el costo promedio de la guardería está entre $80.00 y $100.00 dólares por semana por niño.

Normalmente cobran $150.00 por los bebés. Ésta es una cantidad enorme de dinero. Piense en el número de horas que sus niños pasan en guarderías. ¿Cuánto tiempo más pasarían en casa si usted no estuviera trabajando?

E. ¿Puede usted cuidar algunos niños en casa?

    (1) Si usted cobrara $80.00 dólares por semana por niño por cuatro niños, les estaría dando más cuidado personal a esos niños y estaría ganando $320.00 dólares netos por semana.

    (2) Al proveer cuidados de guardería usted podría hacer deducciones de impuestos por:

        (a) gastos relacionados con alimentación;

        (b) depreciación de sus pagos de hipoteca por el porcentaje equivalente al espacio que utiliza para cosas relacionadas con la guardería;

        (c) deducciones para equipo de juego (tanto dentro como fuera de la casa) y juguetes;

        (d) depreciación por el uso de su auto para fines relacionados con la guardería;

        (e) compra de comida para la guardería.

F. Si dar servicio de guardería no le atrae, considere otros tipos de trabajos que puede realizar en casa, tales como trabajar con su computadora para compañías de Internet, por ejemplo.

G. ¿Puede venir a comer en casa su pareja? Si él o ella puede hacerlo, pueden ahorrar los gastos de restaurante y tal vez pasar un poco más de tiempo juntos.

H. ¿Cuántos días de trabajo le cuesta faltar al trabajo cuando los niños están enfermos?

Nos puede asustar renunciar al ingreso al que estamos acostumbrados. Pero tal vez pueda ganar más dinero siguiendo estas sugerencias.

Quizá haya otros beneficios ocultos. Pregúntese si quedarse en casa reducirá las tensiones diarias para usted, su pareja y los niños. Puede tener más tiempo y menos prisas para llevar el auto a reparar, hacer compras, limpiar la casa y otras tareas. ¿Podría reducirse considerablemente el desorden en su hogar?

Veamos más soluciones.

7. Encuentro que los deportes y actividades organizados pueden aumentar el estrés en los niños. ¿Están sus hijos en equipos? ¿Cuántos? ¿Qué tan seguido practican y tienen partidos? ¿Toman lecciones de

música sus niños? ¿Son miembros de los Scouts? ¿Qué tal lecciones de karate? ¿Participan en otras actividades organizadas? ¿Cuánto tiempo consumen estas actividades por semana? ¿Qué tan estresante es correr para llegar a cada actividad para usted y sus niños?

Tal vez puede involucrarse en una actividad organizada en cada temporada. Creo que un estilo de vida más calmado y menos saturado es importante para tranquilizar a los niños con TDA/TDAH (IA/AM).

La sobreestimulación los mantiene en un constante estado de agitación. Un ambiente tranquilo ayuda a que estén menos ansiosos y estresados.

8. ¿En cuantos compromisos de la comunidad y la iglesia está involucrado? Muchos de nosotros pensamos que es importante dar una parte justa de nuestro tiempo y energía a ayudar a otros, participar en organizaciones de la comunidad como Club de Leones, Rotarios, Junior League y actividades de la iglesia. Pero considere si esto eleva su estrés y lo distrae del tiempo esencial con sus niños.

He conocido a varias familias que estaban profundamente comprometidas con actividades de la iglesia, tales como ayudar a alimentar a los que no tienen casa y visitar a los ancianos, pero no se daban cuenta de lo extenso que era el programa en la iglesia, y cómo los distraía del tiempo que debían dedicarles a sus propios hijos.

9. Recuerde lo que mencioné sobre los efectos de los cambios de casa. Un artículo en la revista *USA Today* afirmaba que un mayor número de ejecutivos corporativos estaba declinando promociones porque les pedían que se mudaran. Sentían que tales mudanzas eran demasiado disruptivas para las vidas de sus niños, y habían dado prioridad a la familia por encima del trabajo. Tal vez los líderes de las corporaciones se darán cuenta de lo que sus políticas de mudanzas están haciendo a las familias y al país. Quizás cambiarán la política de la compañía y promoverán a los empleados sin que sea necesario que se cambien lejos, dejándolos que se muden dentro de una región.

Mantener unida a la familia *extensa* es esencial si vamos a reinstaurar la fuente más importante para elevar el clima moral de Norteamérica. Apuesto que si pudiésemos reconstruir la familia *extensa* y estabilizar las vidas de los niños, empezaríamos a ver una reducción en el número de niños diagnosticados como TDA/TDAH (IA/AM). Esto puede suceder más rápido si se reduce o elimina la mudanza a larga distancia.

10. Dedique tiempo a las actividades familiares. Sé lo ocupadas que son sus vidas, pero quizá una vez al mes pueden hacer algo juntos, todos ustedes. Piense en acampar, pescar y pasear. Piense en paseos a museos, sitios históricos, campus de escuelas, o eventos deportivos. Estoy seguro de que puede pensar en una amplia variedad de cosas divertidas que hacer. Estas actividades no sólo lo ayudan a fortalecer los lazos con sus niños, sino que también ayudan a estimular su interés en aprender cosas nuevas sobre la historia y la naturaleza.

11. Tal vez una de las cosas más importantes que puede hacer para unirse a su niño y prevenir el TDA/TDAH (IA/AM) es, simplemente, DIVERTIRSE.

Alex

Hace algunas semanas mi hijo Alex y yo estábamos solos en casa. Kevin estaba pasando tiempo solo con su mamá. Aún a pesar de que estamos divorciados, periódicamente intercambiamos deliberadamente tiempo a solas con los niños, para ayudar a propiciar la cercanía. Una noche, por alguna extraña razón, Alex y yo nos miramos uno al otro y empezamos a reír. Mientras más reíamos, más perdíamos el control. Después de 20 minutos de morirnos de risa a lo tonto, fuimos capaces de recuperar un poco el control. Alex, que adora los trucos mágicos, me preguntó si quería verlo equilibrar un vaso con agua volteado hacia abajo sobre su cabeza. Yo dije que claro. Caminó con el vaso sobre su cabeza, y yo salté y lo asusté. El agua se regó sobre él. Estalló en carcajadas por otros 20 minutos.

Cuando empezamos a calmarnos, le dije que me trajera otro vaso con agua y que yo le enseñaría a ejecutar el truco correctamente. Así lo hizo. Tomé el vaso y derramé el agua sobre su cabeza. Perdió el control por casi una hora. Yo le seguí diciendo en broma "Hijo, no puedo creer que hayas sido tan tonto que me diste el agua". Se reía incontrolablemente un poco más. De repente, volteé y vi cómo una gigantesca taza de 32 onzas de agua caía sobre mí. Reímos más.

Ambos chicos tienen un endiablado sentido del humor. Momentos como éstos nos acercan. Al aproximarse en formas tan locas y divertidas, crece su influencia sobre los niños. Ellos querrán aprender de usted. Querrán darle gusto. Querrán adoptar sus valores. Su aprobación a sus grandes esfuerzos tendrá una nueva importancia, y trabajarán duro y no desarrollarán TDA/TDAH (IA/AM). Los niños motivados, que vienen de lazos de crianza estrechos, no se vuelven TDA/TDAH (IA/AM). El PHC es un firme modelo para crianza, pero es igualmente importante divertirse. Una buena regla que hay que recordar cuando se está aprendiendo el PHC es "sé firme, sé divertido".

Amigos

Ayude a su niño a desarrollar amistades con niños que vienen de buenas familias y reflejan valores sanos. El tema de las relaciones sanas entre amigos se vuelve más y más crucial mientras su niño se aproxima a la adolescencia. En lo que concierne a los adolescentes, frecuentemente afirmo que "como son sus amigos, es en lo que los niños se convertirán". Inicie el proceso de diseñar la socialización de su hijo temprano en su vida. Su centro de culto es probablemente la opción óptima para compañerismo y socialización. ¿Hay programas para niños y adolescentes en su lugar de culto?

Si es así, revise el programa, y si su impresión es positiva, involucre a su hijo activamente. Los centros comunitarios y los Scouts también merecen que se les considere. Observe, evalúe y trate de conocer a otros padres antes de involucrarse. Es buena idea no dejar la selección de los amigos de su hijo al azar, diséñelo deliberadamente, tomando una dirección sana antes de que lleguen los años de la adolescencia.

Considere algunas de estas sugerencias. El PHC los pondrá bajo control, pero estos cambios son igualmente importantes. Acérquense. Trabaje con sus valores. Influya sobre ellos con paciencia y amor.

Educación y política

He sido educador por casi 30 años. TDA/TDAH es un problema predominantemente relacionado con la escuela y la educación. Los criterios de diagnóstico del DSM-IV se basan principalmente en comportamientos escolares, tales como empujar en la fila, hablar sin levantar primero la mano, menearse en el asiento, y similares. La explosión de la etiqueta TDA/TDAH es producto de la simple verdad de que los niños odian la escuela. ¿Contribuyen las escuelas a la elevación de un 500 por ciento en el problema en los últimos 10 años? Creo que la respuesta es sí, y creo que también los políticos bien intencionados están contribuyendo al problema.

Los políticos constantemente hacen campaña sobre la plataforma del cliché "Volver a lo básico". Frecuentemente señalan que los niños americanos tienen malas calificaciones en lectura, matemáticas y ciencias, en comparación con los niños de otros países tales como Japón y Alemania. Cada vez más, están aprobando leyes estatales para establecer sistemas de pruebas de SOL (Estándares de Aprendizaje) como medio para mejorar el currículum y el desempeño escolar. Me agradan los SOL, pero en la forma en que actualmente se están aplicando, están contribuyendo al creciente número de niños etiquetados como TDA/TDAH y a la escalada en los problemas escolares.

Han surgido varias consecuencias a partir de estas filosofías políticas:

1. Todos los niños de las escuelas están siendo tratados como candidatos a educación superior. Como resultado, las currículas son diseñadas estrictamente para prepararlos para la educación superior. Se da mucho énfasis a la adherencia estricta a las cuestiones puramente académicas. Las actividades divertidas que desarrollan la creatividad tales como el arte, la música o incluso el juego libre, se han reducido o eliminado completamente. No están siendo atendidas las necesidades de los estudiantes que no están orientados a la educación superior. Éstos son los niños que quieren trabajar con sus manos, y que quieren desarrollar habilidades más prácticas, tales como unir cosas o repararlas. Para ellos, el trabajo escolar se ha vuelto cada vez más arduo, sin sentido y aburrido. Se les hace sentarse inmóviles a través de todo el día académico, obligándolos a centrar su atención en material que odian. ¿Es sorprendente que estos niños no se estén quietos ni presten atención? Entonces los etiquetamos como enfermos y los llenamos de pastillas para restringir su inquietud. En Virginia, mi estado, ya que los SOL han estado obteniendo resultados pobres, se está considerando un sistema separado de SOL distinto para los orientados a educación superior y los no orientados a educación superior.

2. El material académico utilizado anteriormente en segundo y tercero ahora es parte de la currícula de kinder. Se inicia inmediatamente a los niños en lectura y matemáticas. Las actividades divertidas tales como tocar instrumentos musicales, bailar y el juego libre se han reducido cada vez más. Para el momento en que estos niños llegan a tercero están agotados. La escuela se vuelve aburrida y pesada.

Resienten el excesivo énfasis en lo académico. Esta orientación también contribuye a que más y más niños odien la escuela. Curiosamente aquellos países que han mantenido un nivel académico más alto son los que han mantenido una currícula más divertida y relajada.

3. El tiempo para el juego libre y la educación física se ha disminuido. Se obliga a los niños a que se sienten en sillas incómodas, sin moverse, por largas horas, con cada vez menos oportunidad para hacer ejercicio y quemar energías. Se diagnostica a los niños como TDA/TDAH en una proporción cinco veces mayor que a las niñas. ¿Será posible que tenga que ver con el hecho de que tienen menos rellenos sus traseros y encuentran más difícil sentarse en asientos incómodos por tantas horas? ¿Sabían que en muchos estados el mobiliario escolar se fabrica en las prisiones? ¿Se están vengando los prisioneros de nosotros a través de los niños?

4. Doy clases en una institución de educación media superior del estado. Los profesores cada vez están más perturbados porque muchos de los estudiantes simplemente son material muy pobre para trabajar en educación media superior. Asistir a una institución de educación media superior del estado es como tener una beca, ya que la enseñanza es financiada con dinero de los impuestos estatales. ¿Por qué estamos ayudando a pagar por la educación de estudiantes marginales? Cada año más y más estudiantes están trayéndome notas de incapacidad afirmando que son TDA/TDAH y, por lo tanto, como son "inválidos", tengo que proveer condiciones especiales para que tomen sus exámenes y para que tomen notas durante la clase. ¿Por qué no pueden los políticos proponer una plataforma para reducir el tamaño de los campus estatales, proponer educación para los estudiantes basada en una fórmula combinada de necesidad financiera y excelencia académica en becas, y reducir el gasto de impuestos invertido en estudiantes que no están aprendiendo o que no pueden aprender en el nivel de educación media superior? ¿Por qué todos los estudiantes de un estado han de tener derecho a la educación de educación media superior pagada con dinero de los impuestos? ¿No estarían más contentos los votantes con los ahorros en dinero provenientes de los impuestos aplicados como reducción en el pago de impuestos? Los políticos pueden acumular votos en esta nueva plataforma.

Es menos caro ofrecer programas vocacionales en las instituciones de educación media superior de la comunidad o en los bachilleratos. Entonces tanto los estudiantes como los contribuyentes estarían contentos. Aún no se ha realizado investigación al respecto, pero apuesto a que menos estudiantes se declararían como TDA/TDAH en educación media superior si pudieran seguir estudios que les gustaran más y para los que fueran más hábiles. Si los estudiantes quieren cambiar a un programa con un enfoque más académico, los bachilleratos de la comunidad fácilmente podrían ofrecerles la posibilidad de hacer el cambio.

¿Sabía usted que el TDA/TDAH originalmente no estaba incluido en el Acta para Americanos con Incapacidades? Se agregó sólo después de que lo exigió un airado grupo de padres llamado CHADD (Niños con Trastorno de Déficit de Atención).

Aprender y la educación son sagrados para mí. Si hacemos que nuestra currícula escolar sea divertida, explorativa, menos presionada y más relajada, encontraremos menos niños que odian la escuela y menos niños etiquetados como TDA/TDAH. Las pastillas no pueden resolver este problema; los padres y los votantes sí pueden.

En el siguiente capítulo empezaré su viaje para aprender cómo detener el TDA/TDAH (IA/AM). Comenzaremos a aprender el Programa de Habilidades para Cuidadores (PHC).

CAPÍTULO 5

El gran cambio en la crianza

Los programas de crianza que actualmente se ofrecen no están funcionando bien. En este capítulo no sólo exploraremos por qué no están sirviendo estos enfoques sino que también veremos por qué de hecho empeoran los problemas de TDA/TDAH (IA/AM). Por encima parecen sensatos, pero al examinarlos más de cerca veremos que contribuyen a reforzar los patrones de pensamiento y cognitivos subyacentes al TDA/TDAH (IA/AM). Al empeorar las cosas, los programas actuales están perpetuando los problemas del TDA/TDAH (IA/AM) en la adolescencia y aun en la adultez y, de esta manera, frecuentemente se prolonga la necesidad del uso de drogas por más y más años.

Veremos una técnica muy diferente: el Programa de Habilidades para Cuidadores (PHC), que ha sido diseñado no sólo para suspender los comportamientos característicos del TDA/TDAH (IA/AM) sino también para detener los problemas de pensamiento del TDA/TDAH (IA/AM). El PHC funciona. Entrenará a su niño para comportarse y pensar en formas más satisfactorias, para no necesitar medicamentos.

El gran cambio

Quiero señalar específicamente por qué los programas actuales no están funcionando y por qué empeoran las cosas. Para esto tengo que enseñarle un concepto conductual muy elemental. Observe este modelo:

(1)	(2)	(3)
S	R	S
Estímulos	Respuestas	Estímulos
previos	consecuentes	
	(Comportamientos de TDA/TDAH)	
	(Cogniciones de TDA/TDAH)	

Este modelo representa cómo nos comportamos y pensamos. En psicología se conoce como condicionamiento operante, concepto que fue introducido por B. F. Skinner en los años treinta. Es un modelo de modificación del comportamiento muy básico.

La primera S, en el punto 1, se refiere a los estímulos previos. Éstos son los eventos que suceden antes de que se presente un comportamiento, tales como la luz roja de un semáforo. Ofrecen pistas o sugerencias que nos dicen lo que se supone que debemos hacer enseguida. La luz roja del semáforo nos dice que pongamos el pie en el pedal del freno y detengamos el automóvil. Decirle a Johnny: ¡Cállate!, es un estímulo previo que le dice que deje de hablar. Pronto vamos a aprender cómo los actuales enfoques conductuales ponen el mayor énfasis en lo que hacen los padres o maestros que precede al comportamiento del niño con TDA/TDAH (IA/AM), y por qué estos enfoques sólo funcionan si el niño está drogado. Sin las drogas, estos programas no funcionan.

La R, en el punto 2, se refiere a las respuestas. Éstos son los comportamientos y cogniciones (pensamientos) que integran los patrones que llamamos de TDA/TDAH (IA/AM). Típicamente los comportamientos consisten en cosas tales como ser impulsivo, gritar, empujar a otros niños, interrumpir y todas las otras acciones listadas en la tabla 4.1. La R también se refiere a los patrones de pensamiento y cognitivos subyacentes en el TDA/TDAH (IA/AM), el más importante de los cuales es "No pensar". No pensar significa que los niños con TDA/TDAH (IA/AM) no prestan atención a la gente que los rodea, no piensan sobre la forma en que se están comportando y no piensan en el impacto o las consecuencias de su comportamiento en los otros. Éste no pensar resulta en un niño inatento (IA), altamente mal comportado (AM) y fastidioso. Otros programas de hecho refuerzan, perpetúan y empeoran el patrón de No Pensar. Otros programas no han sido diseñados para modificar este patrón de pensamiento en ninguna forma y, de esta manera, no funcionan bien.

La S, en el punto 3, se refiere a los estímulos consecuentes. Son las consecuencias, consistentes en premios o castigos, que ocurren después de los comportamientos. Los programas actuales de hecho refuerzan precisamente los patrones conductuales y no pensantes del TDA/TDAH (IA/AM) del que estamos tratando de librarnos. En el PHC usted aprenderá cosas paso por paso que necesitará para detener el patrón completo de TDA/TDAH (IA/AM). La mayor parte de este libro está dedicada a enseñarle ampliamente las "tuercas y tornillos" completos para eliminar y revertir los problemas de su niño.

Los errores de los actuales enfoques de crianza

Los actuales programas de crianza para niños con TDA/TDAH (IA/AM) controlan los comportamientos. Pero presentan dos problemas mayores: primero, se apoyan en medicamentos con anfetaminas y segundo, hacen al niño altamente dependiente de apoyo y ayuda constantes. Sobre todo, lo hacen cada vez más inválido. Luego, cuando se suspenden las drogas, en la mayoría de los casos, se evaporan todos los logros.

El supuesto clave en los programas actuales es que los niños con TDA/TDAH (IA/AM) tienen una enfermedad. Recuerde que la mayoría de los investigadores están abandonando el uso de ese término y ahora usan el término "neurobiológicamente impedido" o "desorden biológico", que para el lego significa prácticamente lo mismo que "enfermedad". Si los niños son considerados impedidos o enfermos, el supuesto fundamental de los tratamientos actuales es que no pueden funcionar por sí mismos. Así que necesitan medicina y mucha ayuda. Para proporcionar esta ayuda, los tratamientos actuales se orientan hacia el estímulo precedente en la forma de supervisión, recordatorios, advertencias, ayuda, coacción, asistencia y pautado constantes.

Estos métodos prevalecientes se iniciaron alrededor de 1980 con Russell Barkley, y casi todos los enfoques de diversos autores han variado muy poco su fórmula básica. No importa el libro que usted elija, al leerlo cuidadosamente usted verá que todos dicen prácticamente lo mismo.

En mis escritos, he utilizado el caso de Hellen Keller para demostrar el programa fundamental en esta concepción. Tal vez usted haya leído la obra o visto la película "El hacedor de milagros". Hellen era casi una fiera, como un animal. Debido a una severa enfermedad que sufrió cuando era bebé, perdió la vista, el oído y la capacidad para hablar. Estaba encerrada en un caparazón. Incapaz de controlarla conforme fue creciendo, sus padres contrataron a una hábil maestra llamada Annie Sullivan.

La señorita Sullivan no podía trabajar con Hellen en presencia de sus padres. Ellos consideraban a su hija como enferma y discapacitada y, consecuentemente, la trataban como inválida. Constantemente la ayudaban, la atendían y la trataban como bebé. Así que la señorita Sullivan necesitaba separar a Hellen de sus consentidores padres. Veía a la niña como alguien normal, debajo de su impenetrable caparazón, y si iba a poder ayudarla, tenía que apartarla de sus padres y vivir y trabajar con ella en una pequeña casita de campo alejada de la casa principal.

Annie era firme. Dejó de consentir a Hellen. Hizo que la niña funcionara. El resultado fue una de nuestras mayores heroínas.

Éste está considerado como el primer caso documentado de modificación conductual.

Veamos cómo los actuales enfoques conductuales incorporan constante supervisión, coacción, sugerencias, pautas, recordatorios y advertencias justo como lo hacían los padres de Hellen. Los apoyos visuales casi siempre están incluidos. Por ejemplo, las técnicas de crianza de Barkley (1995) incluyen elaborar tarjetas de tareas como recordatorios de labores domésticas. Las recomendaciones de Barkley también incluyen que el niño repita las órdenes de los padres; recordar al niño que no se está comportando adecuadamente; advertirle que la disciplina es inminente y recordarle y repasar con el niño cómo debería comportarse antes de entrar a lugares públicos.

Las técnicas de Haverly Parker (1944) tomaron mucho prestado de Barkley. Su enfoque incluye advertencias de disciplina inminente, advertir al niño que recibirá unas nalgadas si deja el Tiempo Fuera, y discutir sus opciones si no desea cumplir con la orden de sus padres (lo que, como veremos más adelante, refuerza el comportamiento *opositorio*). Parker también recomienda utilizar un cuarto de baño para el Tiempo Fuera: yo he sostenido repetidamente en mis escritos que ésta no es una buena idea, ya que hay cosas peligrosas en el baño, tales como píldoras y navajas, y muchos objetos con los que se puede jugar y, de esta manera, refuerza, más que castigar al niño. Parker también recomienda una técnica de automonitoreo en la que el niño lleva una grabadora de casetes a la escuela con un bip que suena periódicamente para recordarle que preste atención y se comporte correctamente.

Tom Phelan (1984) popularizó el método "1-2-3 Tiempo Fuera", en el que uno cuenta o da tres advertencias antes de imponer el Tiempo Fuera.

Hallowell y Ratey (1994) recomendaron establecer un entorno muy estructurado para el niño con TDA/TDAH (IA/AM), con uso abundante de listas, notas, objetos codificados por colores y tarjetas de fichero con recordatorios. También recomendaron tolerar los malos humores del niño, lo que, según aprenderemos más adelante, refuerza que el niño diga todo tipo de cosas inadecuadas. Más aún, recomiendan el uso del Tiempo Fuera sólo cuando el padre está perturbado y no puede manejar al niño serenamente. Estas técnicas sólo contribuyen a un entorno confuso e inconsistente para el niño. Pronto aprenderemos que la inconsistencia genera persistencia, lo que significa que estas técnicas inconsistentes fortalecen y fijan precisamente los comportamientos que estamos tratando de eliminar.

Josephine Wright (1997) propone que los padres ignoren los berrinches y comportamientos disruptivos y después discutan el problema con el niño cuando se haya calmado. Esto de hecho permite que continúen comportamientos que no deberían ocurrir. Éstas son formas inapropiadas de que el niño exprese sus sentimientos. Dar atención o reforzar socialmente los berrinches o cualquier otro comportamiento disruptivo viola los principios básicos de comportamiento, ya que reforzarlos los fija en los patrones verbales inapropiados. Diana Hunter (1995) también recomienda discutir con el niño la forma en que expresa sus sentimientos, lo que suena bien en la superficie, pero termina fortaleciendo e incrementando los patrones verbales inapropiados tales como declaraciones del tipo de "pobre de mí" o negativismo. En el capítulo 7 aprenderemos cómo hablar correctamente con los niños sobre los sentimientos. Hace años, Greenspoon (1955) demostró cómo podemos reforzar, modelar o enseñar a los niños patrones verbales inapropiados sin advertirlo.

La gran mayoría de los métodos actuales recomienda utilizar un programa de Economía de Fichas. Barkley y Parker son defensores particulares de este enfoque para el tratamiento de niños con TDA/TDAH (IA/AM), y tal parece que todos los demás escritores han imitado el concepto. En este enfoque el niño recibe algún tipo de ficha simbólica como palomitas en los trabajos, caritas felices en un tablero, o fichas de póker después de un buen comportamiento. Las fichas se acumulan y más adelante se utilizan para comprar un juguete o una actividad que le guste. Las reglas usualmente se ponen en un cartel y se colocan en ubicaciones convenientes. Esto puede sonar agradable, pero hay errores metodológicos incorporados que empeoran las cosas para el niño con TDA/TDAH (IA/AM), y pronto los veremos. Más aún, veo los programas de fichas como un modelo innatural e inapropiado para criar niños. Durante nuestros primeros años aprendemos los roles y comportamientos para una vida normal de familia, y las tablas y fichas no presentan un entorno familiar normal. Yo veo a las familias gobernadas por el uso de fichas como un modelo más bien ridículo y disfuncional de vida familiar. Como señala Janet Geringer-Woititz (1983), si el niño crece en un entorno familiar inapropiado, entonces como adulto no entenderá que es lo normal.

Falta de investigación sobre crianza

Aquí hay algo verdaderamente escandaloso. Todas las recomendaciones para crianza hechas por estos escritores, no han sido experimentadas. Una revisión cuidadosa de la literatura sobre investigación en psicología y psiquiatría no revela la existencia de artículos específicamente orientados al desarrollo de técnicas de crianza verdaderamente efectivas. Existen cientos de artículos que repiten la formula básica de Barkley, reconociendo sin embargo que estos métodos recomendados no funcionan y que se deben agregar píldoras para obtener algún resultado. Si existe alguna investigación sobre crianza verdaderamente efectiva, no se ha compartido adecuadamente con la comunidad profesional. ¿Por qué las técnicas que han probado no funcionar, repetidamente se aplican como tratamiento? ¿Por qué la comunidad profesional ha estado tan ansiosa para hacer investigación sobre la efectividad de las drogas con estos niños, mientras aparentemente no tienen prisa para desarrollar programas de manejo de crianza efectivos y completos? ¿Por qué no se ha considerado un cambio en la dirección de los tratamientos? El PHC es, a la fecha, el único enfoque de entrenamiento para padres diseñado para funcionar sin medicamentos. Ha sido adecuadamente publicado en una revista profesional y presentado en congresos de profesionales. Quiero que la comunidad profesional escudriñe y examine el PHC. Mi más acariciado deseo es animar a otros profesionales para que investiguen y mejoren estas técnicas aún más.

¿Es extraño que las recomendaciones para crianza actualmente populares no funcionen bien, ya que no han sido aplicadas, probadas, refinadas y mejoradas a través de una experimentación cuidadosa?

La única investigación que se ha hecho sobre enfoques actualmente populares es encajar las técnicas en una pieza de investigación diseñada para destacar cómo mejora dramáticamente el tratamiento cuando se agrega el uso de medicamentos. Una vez que los niños con TDA/TDAH (IA/AM) están drogados, son más dóciles para funcionar con el entrenamiento, los recordatorios, la ayuda, la asistencia y la coacción. Ni las drogas ni los métodos conductuales actualmente populares están diseñados para ayudar al niño a pensar y funcionar independientemente. Estos métodos no ayudan al niño a cambiar y funcionar adecuadamente. La combinación de medicamentos y métodos conductuales populares sólo convierte a los niños, como señala Peter Breggin (1998), en "obedientes robots".

Como lo he sostenido, los medicamentos constriñen el comportamiento; no enseñan. Mientras los niños están drogados los padres se engañan creyendo que están mejor. No lo están. Cuando se suspenden las drogas, los logros aparentes se desvanecen. No es de extrañarse que más y más niños tengan que continuar con los medicamentos y programas que proveen asistencia excesiva hasta la adolescencia y la adultez.

Cómo incapacitan estos modelos al niño TDA/TDAH (IA/AM)

Claude Steiner (1974) escribió que una de las peores formas en que podemos incapacitar a un niño es hacerlo dependiente. Esto es exactamente lo que estos enfoques están haciendo.

El niño con TDA/TDAH (IA/AM) está desmotivado y no piensa. Los enfoques citados aquí sólo le enseñan a obedecer a la coacción, sugerencias y recordatorios de los adultos. El niño aprende a apoyarse en toda esta ayuda. Cumplirá con lo que le manden, pero no aprenderá a recordar o a estar consciente de lo que está sucediendo por sí mismo. Cumplirá, pero se volverá cada vez más dependiente del apoyo. Estos enfoques sólo elevan su dependencia e impotencia. Al sobreprotegerlo, lo incapacitamos para el resto de su vida. De nuevo, ¿debe sorprendernos que cada vez vemos a más y más niños con TDA/TDAH (IA/AM) que tienen que continuar con los medicamentos cuando adolescentes y adultos? No han aprendido a funcionar por sí mismos.

Dependencias

Con el énfasis en la ayuda excesiva, el niño con TDA/TDAH (IA/AM) puede desarrollar cualquier combinación de cuatro tipos de dependencias.

1. La **dependencia de tareas** involucra que el niño sea incapaz de iniciar o continuar concentrado en tareas específicas sin que alguien le guíe a través del proceso completo. Hacer los deberes escolares es probablemente la tarea más problemática, con el trabajo de clase siguiéndola muy

de cerca en un segundo lugar. La secuencia inicia con el niño siendo incapaz de organizar sus materiales para empezar a hacer su tarea (o trabajo de clase). El padre (o maestro) empieza el proceso enseñándole gentilmente a acomodar los libros, cómo poner el cuaderno enfrente de él, y cómo ordenar cuidadosamente sus plumas y lápices para un acceso fácil. Entonces comienza el entrenamiento. ¿Con qué materia te gustaría empezar? ¿Qué preguntas necesitas responder? ¿Dónde puedes encontrar las respuestas?

Y así continúa, repitiendo la escena día tras día. Normalmente el niño representa una actuación digna de un Oscar de una inhabilidad total para hacer cualquier cosa por sí mismo, y normalmente el padre se la cree completita. He visto a innumerables niños realizar estas tareas por sí mismos una vez que se les pide con el PHC. En las sesiones iniciales, los padres me dicen: "Realmente lo intenta, pero no es capaz de hacerlo por sí mismo. Lo he visto sentado frente a su trabajo durante horas, llorando porque nada más no entiende". Sé que es doloroso para un padre ver esto, pero un niño tiene que funcionar a su manera. Usted no va a estar ahí por el resto de su vida. Puede aprender a hacerlo si se requiere. El PHC le ayudará a hacer que suceda.

Considere esto. Si un niño está ciego, ¿debería usted hacer todo por él? ¿O debería enseñarle y pedirle que se valga por sí mismo? ¿Qué opción le da una mejor oportunidad de supervivencia?

¿Por qué será que los niños con TDA/TDAH (IA/AM) empiezan a desempeñarse bien hacia el final del periodo escolar cuando su maestra está considerando la posibilidad de que no pasen al siguiente grado? He visto numerosas mejoras materializarse milagrosamente de esta manera.

¿Hay muchas tareas que su hijo disfruta hacer y las hace solo sin necesidad de ayuda? ¿Puede encender sus videojuegos y seguir la compleja secuencia de habilidades necesaria para ganar el juego? Yo todavía no puedo lograr jugar los juegos de mis hijos ya que las instrucciones son tan complicadas. ¿Por qué es capaz su hijo de hacer estas cosas sin ayuda?

Con el PHC usted sólo actuará como apoyo cuando su hija solicite ayuda. Usted no se sienta con ella. Ella puede y lo hará bien. Pronto, cuando de hecho pueda atestiguar estos cambios, su concepción del TDA/TDAH (IA/AM) cambiará dramáticamente. Tal vez al principio ella tendrá que esforzarse más duro, pero recuerde, tiene que aprender a valerse por sí misma.

2. La **dependencia cognitivo/conductual** involucra que el niño no pueda recordar cómo actuar correctamente sin que le refresquen la memoria, a través del día y a través del cambio de situaciones tales como ir a una tienda de abarrotes. Los enfoques actuales proponen discutir y repasar con el niño cómo debería comportarse antes de entrar a un ambiente nuevo: "Ahora, Billy, vamos a entrar al supermercado. Por favor dile a mami cómo te debes comportar. ¿Qué vas a hacer con el carrito? ¿Se supone que debes tocar las latas?" Con el PHC se dará cuenta de que él se puede comportar bien en todas las situaciones. Puede prestar atención a lo que lo rodea y a sus propios comportamientos. Puede monitorearse a sí mismo. Estarle recordando no le ayuda; lo hace un inválido.

3. La **dependencia emocional** involucra el que la niña desarrolle una creencia profundamente arraigada de que siempre debe haber alguien que se haga cargo de ella. Ella cree que no puede funcionar sin un ayudante. La intensidad de este sentimiento puede ir de leve a severa. Los enfoques conductuales actuales sobre TDA/TDAH (IA/AM) frecuentemente empujan esta creencia hacia el extremo más grave del continuo. Todos tenemos algún grado de dependencia emocional, pero cuando llega al nivel de debemos tener a alguien con nosotros a lo largo de toda la vida, puede ser bastante incapacitante. Ser una persona muy dependiente puede estar detrás de hacer elecciones imprudentes y desesperadas de compañeros más adelante en la vida. Ayudarle a un niño a volverse demasiado dependiente emocionalmente no es una buena idea.

   El fundamento para PHC no es hacer al niño desapegado y fuerte como John Wayne, sino ayudarle a sentirse seguro y a que tenga la certeza de que puede cuidarse a sí mismo. Parte de la filosofía del PHC es que uno puede ser sensible, cariñoso y amoroso, mientras simultáneamente fomenta la seguridad y la autosuficiencia. Al Bandura (1981 y 1986) llama autoeficacia a la creencia de que uno es capaz de hacerse cargo de sí mismo, y desarrollar un fuerte sentido de ésta es una de las más importantes metas del PHC. El estar constantemente supervisando y recordando al niño con TDA/TDAH (IA/AM) lleva esta meta al fracaso.

4. La **dependencia de medicaciones** es también una preocupación importante. Esto no se refiere al abuso de drogas o a la adicción. Se refiere

a desarrollar la creencia de que uno no puede funcionar si no toma sus pastillas. Si esta falsa creencia se internaliza fuertemente en el niño con TDA/TDAH (IA/AM), entonces será difícil para él dejar de tomar pastillas cuando crezca. Estará convencido para toda la vida de que debe tomar sus píldoras para desempeñar su trabajo exitosamente. He sido testigo de la evolución de esta absurda creencia en demasiados niños y, francamente, me asusta.

El PHC es un programa para habilitar. Hace que el niño preste atención, se desempeñe bien y dependa de sí mismo sin la necesidad de medicamentos. ¿No son éstas metas fundamentales que le gustaría que su niño alcanzara?

Los tratamientos actuales violan los principios conductuales correctos

Algo que encuentro muy interesante es que los tratamientos conductuales populares actualmente violan reglas básicas de modificación conductual o lo que se conoce como las teorías de aprendizaje social. Estos problemas metodológicos intrínsecos o incluidos, explican no sólo por qué estos enfoques no funcionan sino también por qué pueden ayudar a empeorar las cosas aún más.

Recuerde lo que expliqué en relación con las recomendaciones actuales de advertir sobre los malos comportamientos, sobre discutir las opciones del niño si no desea cumplir una orden, y sobre discutir sus sentimientos cuando está molesto. Cada uno de estos métodos requiere una interacción con el niño en el momento del mal comportamiento. Esta interacción proporciona un refuerzo social inadvertido y no intencional que mantiene y hasta fortalece el mal comportamiento. El niño está logrando atención cuando se está comportando mal. Así que, los malos comportamientos se están ya sea manteniendo como hábito o aumentan y se vuelven más severos.

Aprendimos hace mucho tiempo que las interacciones con el niño en el momento del mal comportamiento de hecho refuerzan dicha conducta. Las técnicas deberían diseñarse para minimizar la interacción y eliminar, en la medida de lo posible, cualquier oportunidad de reforzar los comportamientos inapropiados. Los enfoques actuales refuerzan el contestar, los comportamientos desafiantes, los berrinches y los comportamientos verbales inapropiados. Muchas veces me he preguntado: ¿Por qué los que desarrollan tales técnicas cometen errores tan elementales? Afirmaré esto francamente: si ellos tomaran mi curso de modificación de comportamiento, tendrían suerte si lograran una D.

Los enfoques actuales se avocan a ignorar los berrinches y utilizar el Tiempo Fuera sólo cuando los padres se sienten incapaces de manejar el mal comportamiento del niño, y a recomendar que los padres aprendan a tolerar los malos humores de los niños. Hace mucho tiempo los psicólogos establecieron los principios llamados programas de reforzamiento intermitente, los cuales están diseñados para reforzar un comportamiento, preferentemente un comportamiento deseado, después de que ha sido bien aprendido. En los días de la psicología conductual básica la idea era alargar los periodos de tiempo necesarios para reforzar entre ocurrencias de un comportamiento, y hacer que el niño se esforzara más para ganar el refuerzo. Además, el tiempo que se tomaba para reforzar estaba deliberadamente diseñado para ser inconsistente, de manera que el niño tuviera que comportarse correctamente de manera continua mientras no sabía cuándo ocurriría el refuerzo. Esto fortalece el comportamiento, o aumenta su resistencia a extinguirse, esto es, a decrecer. Estas técnicas se utilizan deliberadamente cuando queremos reforzar un comportamiento apropiado. Desafortunadamente, las técnicas actuales se han diseñado inconscientemente para fortalecer los comportamientos indeseados debido al reforzamiento intermitente no intencional. Funcionan en directa oposición a lo que estamos tratando de lograr. Fijan cada vez más y empeoran los malos comportamientos del niño. Una desafortunada consecuencia de los malos comportamientos tenaces conduce a que los niños dependan más y más de los medicamentos para dominar los comportamientos de TDA/TDAH (IA/AM).

El PHC ha sido cuidadosamente diseñado para evitar este error inadvertido, para aumentar los comportamientos apropiados, mejorar la conciencia y el pensamiento activo, eliminar los comportamientos inapropiados y aumentar la autosuficiencia sin reforzar involuntariamente los comportamientos de TDA/TDAH (IA/AM).

El programa de habilidades para cuidadores

El programa de habilidades para cuidadores es un programa de crianza que ha sido diseñado cuidadosamente, planeado específicamente para controlar y motivar al niño con TDA/TDAH (IA/AM), sin medicamentos. Funciona porque todo lo que contiene ha evolucionado a partir de 20 años de trabajo con cientos de estos niños. Todos los conceptos se han afinado una y otra vez; el programa se ha mejorado constantemente hasta llegar al estado actual. Es práctico. Es sensato. Es fácil de aprender e implementar. Y está basado en principios conductuales sólidos.

Se llama programa para cuidadores porque ha sido diseñado para entrenar a la gente que cuida al niño con TDA/TDAH (IA/AM). Es preferible que todas las personas que diariamente pasan un periodo de tiempo significativo con el niño lean el libro y sigan el programa. Esto proporciona consistencia y reduce la confusión para el niño.

Los abuelos y los adolescentes mayores frecuentemente cuidan a los niños después de la escuela. He hecho que ellos también tomen el entrenamiento con los padres. Solía entrenar a quince familias a la vez, pero lo he reducido considerablemente en los últimos años. Los ex esposos han resultado ser un reto; algunas veces toman el entrenamiento voluntariamente y a veces se niegan. Si esto sucede, el PHC aún funciona para el padre que tiene la custodia primaria, aunque sería preferible que el otro padre también aprendiera el programa.

En el PHC se han corregido muchas de las debilidades inherentes en los enfoques actualmente populares. No quiero que los niños solamente cumplan. Quiero que piensen, que estén concientes, evalúen, tomen decisiones y se comporten. El PHC se centra en las cogniciones tanto como en los comportamientos. Quiero que los niños, siempre que sea posible, ¡estén libres de medicamentos!

La figura 5.1 muestra el esquema de nuestros tres tópicos fundamentales: (1) cómo dirigirse claramente a comportamientos-objetivo específicos que queremos cambiar; (2) cómo desarrollar técnicas positivas o de reforzamiento para mejorar en nuestros niños los tipos de comportamientos que queremos; (3) cómo utilizar técnicas de disciplina apropiadas, diseñadas específicamente para eliminar la alta incidencia de malos comportamientos del TDA/TDAH (IA/AM). Los tópicos adicionales que cubriremos incluyen enseñar a los niños a amar la educación (llamado valorar la educación), desarrollar su amor por la lectura, y transmitirles los valores básicos que los niños deben aprender (llamado educación de valores). El entrenamiento en los valores es esencial para motivar a los niños. Si los niños han aprendido firmemente los valores apropiados, nunca se volverán TDA/TDAH (IA/AM). En primer lugar.

Figura 5.1

El Programa de Habilidades para Cuidadores

Métodos de Control de Cuidadores Primarios
(padres, maestros, etc.)

(2)   (3)

Refuerzo   Disciplina

Comportamientos-objetivo
(1)
Comportamientos
del niño TDA/TDAH (IA/AM)

Un aspecto importante del PHC es entrenar al niño para pensar. El programa está diseñado para activar sus neuronas. Vamos a enseñarles a poner atención, evaluar lo que sucede a su alrededor y autocontrolar sus comportamientos. Nuestros niños pueden aprender a pensar y funcionar bien en casa, en la escuela, y en cualquier lugar. Considere que su pensamiento o habilidades cognitivas son como músculos, y la regla es: ¡Úsalo o piérdelo! Los niños con comportamiento TDA/TDAH (IA/AM) pueden ser responsivos y responsables por sus comportamientos. No están enfermos. Pueden prestar atención y comportarse apropiadamente. Con el PHC, he sido testigo de esto en incontables ocasiones. No es un sueño mágico. Es una realidad.

Recuerde que los enfoques conductuales actuales no funcionan a menos que el niño esté drogado, y las drogas nunca enseñan al niño a pensar. Con el PHC, aprenderán a pensar y a comportarse responsablemente sin el uso de drogas.

En el siguiente capítulo identificaremos los Comportamientos-objetivo específicos con los que vamos a trabajar.

CAPÍTULO 6

Identificando los comportamientos del niño con
TDA/TDAH (IA/AM)

Para poder definir metas y saber que estamos teniendo éxito, debemos lograr dos cosas: primero, identificar con precisión sobre qué estamos trabajando; y segunda, conocer nuestros procedimientos y técnicas, los cuales veremos en los capítulos 7, 8 y 9. El primer elemento son las Conductas-objetivo que pueden ser vistas y escuchadas.

En este capítulo identificaremos aquellos comportamientos de los niños con TDA/TDAH (IA/AM) que son problemáticos. Revisaremos todos los patrones en estos Comportamientos-objetivo, y aprenderemos metas específicas que queremos alcanzar con cada uno de ellos.

A lo largo de este libro señalaré en qué aspectos hemos logrado cambios importantes en relación con los enfoques populares actualmente. Uno de estos cambios se refiere a avocarse a un grupo distinto de Comportamientos-objetivo. Los enfoques actuales se concentran básicamente en comportamientos que ocurren sobre todo en la escuela, que son los comportamientos señalados por el DSM-IV que vienen en la Tabla 4.1, con poco énfasis en los comportamientos que se presentan en casa. El PHC invierte esto, se centra intensamente en los comportamientos que corresponden a la casa y pretende controlarlos antes de dedicarse a los comportamientos que tienen lugar en la escuela. Al ir explicando otros cambios importantes que he hecho, usted empezará a comprender por qué el PHC funciona tan bien.

Al final de nuestro viaje a través de este libro, espero que usted dirá, como la mayoría de los padres de mis niños con TDA/TDAH (IA/AM):"No sólo se porta mejor, sino que parece más feliz".

Conductas-objetivo

Las Conductas-objetivo son habituales, frecuentes, inapropiadas y claramente observables. Se pueden ver y escuchar. Los malos comportamientos ocasionales son característicos de todos los niños pero generalmente no hemos de apuntar hacia ellos. Nos concentraremos en malos comportamientos que ocurren regularmente y frecuentemente en los niños con TDA/TDAH (IA/AM).

En el programa PHC vamos a realizar un desplazamiento sustancial alejándonos de orientarnos hacia los comportamientos listados en el DSM-IV, referidos en la tabla 4.1. Las principales razones para cambiar de los comportamientos en el DSM-IV a los comportamientos PHC son:

1. Los comportamientos DSM-IV generalmente ocurren en la escuela donde los padres no pueden ejercer control. Los maestros tienen demasiados estudiantes para poder dedicar tiempo a trabajar adecuadamente en lo que se requiere para lograr que cambie el niño con TDA/TDAH (IA/AM). Los padres tienen el tiempo y la motivación para trabajar con su propio niño dentro del hogar.
2. Es esencial establecer a los padres como autoridades para el niño con TDA/TDAH (IA/AM). Al concentrarse en los comportamientos de casa, son los padres los que recuperan la habilidad de controlar al niño. El programa PHC no es punitivo, pero es firme y riguroso. El padre es el que manda y, como habría dicho Harry Truman: "Eso es todo". Los niños con TDA/TDAH (IA/AM) quieren conocer los límites de su comportamiento. Quieren distinguir el bien del mal. Quieren la seguridad de que sus papás estén a cargo. Algunas escuelas de psicología han retirado a los padres la responsabilidad de estar a cargo. El PHC se las regresa. Un hogar estructurado, con padres a cargo, ayuda al niño a sentirse "seguro".
3. Los comportamientos listados en el DSM-IV ocurren demasiado tarde en la secuencia, para lograr controlar al niño. El niño está demasiado fuera de control para el momento en que está empujando, levantándose de su asiento, y lanzando respuestas sin que se le pregunte. Entonces es demasiado difícil calmarlo y controlarlo. En el PHC, el padre interviene y establece el control al menor indicio de disrupción, no seguir órdenes o ser irrespetuoso. Éste es un enfoque estricto, pero muy amoroso. El conocer sus límites no sólo da al niño una sensación de seguridad sino que, ya que los padres en el PHC están reforzando deliberadamente al niño, también se siente amado.

Como los niños con TDA/TDAH (IA/AM) generalmente son odiosos, engendran la furia de todos, incluyendo a sus amigos, profesores y aun a sus padres. Al comportarse bien y conocer sus límites, son más agradables para todos los que los rodean. Esto contribuye considerablemente a su autoestima, mejorada significativamente. La intervención temprana en la secuencia conductual y el rigor del PHC son otras dos diferencias sustanciales en comparación con otros programas populares.

4. Algunos de los comportamientos enumerados en el DSM-IV están pobremente definidos; no están claros y son demasiado vagos para una intervención conductual adecuada. Por ejemplo, no poder poner atención es el centro de los desórdenes de TDA/TDAH (IA/AM). Pero de acuerdo con las técnicas conductuales apropiadas, para poder trabajar con niños debe estar definido más claramente, de manera que podamos observar el comportamiento específico. En el PHC prestar atención se divide en tres comportamientos concretos:

a. Atención visual. ¿Sus ojos están en su trabajo o en el que les habla?
b. Atención auditiva. Pueden contestar la pregunta "¿Qué te acabo de decir?"
c. Recordar. Ser capaz de contestar la pregunta "¿Qué deberías estar haciendo?"

Si fallan en cualquiera de estos elementos fácilmente observables significa que el padre impondrá las consecuencias apropiadas.

5. En el programa PHC, mi investigación muestra que una vez que los niños con TDA/TDAH (IA/AM) están bien controlados en casa, entones para el 80 por ciento de ellos, el trabajo escolar y la conducta en la escuela automáticamente mejoran. Esto se conoce como generalización, y significa que las mejoras en un ambiente se transfieren a otros ambientes. Otros escritores afirman que los enfoques de crianza no mejoran adecuadamente los problemas en la escuela o no se generalizan a otros ambientes. Esto es verdad; los enfoques actuales no mejoran el comportamiento en la escuela porque, en primer lugar, el niño nunca está totalmente controlado en casa.

En el restante 20 por ciento de los niños con los que he trabajado, el comportamiento mejoró en la casa pero no en la escuela. En otras palabras, las mejoras no se generalizaron. El PHC entonces agrega un programa de Tarjeta de Reporte Diario, en el que los profesores comunican en una forma rápida y fácil a los padres el desempeño y conducta en la escuela, y los padres aplican firmes consecuencias significativas en casa. Este método falla raras veces.

Las Conductas-objetivo del PHC

Existen patrones en los comportamientos de los niños con TDA/TDAH (IA/AM). Se agrupan y están divididos en cuatro patrones básicos. Al ir definiendo cada uno de los comportamientos, y la razón por la que se agrupan, usted empezará a ubicar a su niño con TDA/TDAH (IA/AM). Las familias a las que he entrenado frecuentemente me preguntan si tengo un aparato de rayos X que puede ver lo que sucede en sus hogares. Claro que no; es sólo que éstas son las características conductuales más comunes en el niño con TDA/TDAH (IA/AM), que tanto el DSM-IV como los enfoques conductuales comunes pasan por alto.

Las 17 Conductas-objetivo divididas en grupos son:

Grupo I: Manipulaciones activas
1. Incumplimiento —no hacer lo que se le ordena.
2. Oposicionismo —desafío abierto.
3. Berrinches o rabieta.

Grupo II: Manipulaciones verbales
4. Afirmaciones como "pobre de mí".
5. Afirmaciones negativas.
6. Repelar o criticar continuamente.
7. Interrupciones.
8. Quejas físicas —decir que están enfermos cuando no lo están.

Grupo III: Comportamientos inatentos
9. No poner atención.
    a. Inatención visual o no mirar.
    b. Inatención auditiva o no escuchar.
    c. No recordar.
10. Incapacidad y dependencia.

11. Bajo desempeño escolar.
12. Habilidades pobres de lectura.

Grupo IV: Otros malos comportamientos comunes
13. Retraso (perder el tiempo o llegar tarde a actividades, en especial en las mañanas en que hay escuela).
14. Ser chismoso.
15. Pleitos entre hermanos.
16. Agresión.
17. Mentir.

La cantidad de Conductas-objetivo será menor para los niños con TDA (IA) que para los niños con TDAH (AM). Los niños con TDA (IA) no son abiertamente desafiantes ni se caracterizan por los malos comportamientos francos. Más que nada se desconectan y no ponen atención. También son altamente hábiles en fingir inhabilidad para organizar su trabajo o comprender el material. Los niños con TDAH (AM) hacen esto mismo y hacen destrozos a su alrededor.

Vamos a definir y explicar cada Conducta-objetivo. También analizaremos aspectos relevantes que le ayudarán a entender por qué ocurren esos comportamientos y qué puede suceder si siguen sin ser atendidos. También veremos las metas firmes pero realistas que estableceremos para cada comportamiento. Nuestras metas son estrictas porque el hecho de permitir el relajamiento confunde a los niños que no entienden hacia dónde van. No podemos controlarlos si somos indulgentes: entonces nada funcionará. Una vez que estén bajo control, muchas cosas positivas vendrán a su encuentro de parte de todos los que los rodean, usted, sus profesores, sus amigos y sus familiares. Controlarlos lo más rápido posible es lo mejor que podemos hacer por ellos. Además, ya no serán considerados como extraños, raros o enfermos. Y, lo más importante, no necesitarán medicamentos. Si lleva a cabo el PHC correctamente, verá estos cambios en menos de dos semanas a partir de que inicie el programa.

Mantenga estos beneficios en mente mientras impone el programa. Le ayudará a motivarse.

Un aspecto importante del PHC es que nos dirigimos a todos y cada uno de los comportamientos simultáneamente. Ésta es otra diferencia importante con respecto a los enfoques actuales. Controlarlos completamente es esencial. Vaya a fondo. Sea extensivo. No deje que se le escape nada.

Antes de explicar cada comportamiento, es importante comprender un concepto básico en psicología conductual. Cualquier comportamiento que ocurre consistentemente, o aumenta con el tiempo, está siendo reforzado. En los capítulos que siguen, le mostraré la variedad de formas en que inadvertidamente reforzamos las Conductas-objetivo. Si algunos comportamientos como regañar a su niño lo agotan hasta que se da por vencido y él consigue lo que quiere, se le refuerza. Algunas veces su niño se niega a hacer lo que le pide que haga y usted termina por hacerlo; de esa forma se hizo el tonto hasta que lo cansó, para no hacer algo que no le agrada, lo que refuerza su negativa. Si no disciplina los comportamientos correctamente, inadvertidamente estará reforzando los mismos comportamientos de los que está tratando de deshacerse, y ésta es una de las principales razones por las que los enfoques conductuales actualmente populares no funcionan bien.

Mantenga este principio en mente al palomear cada una de las cajas de las Conductas-objetivo que se aplican a su niño.

Grupo i: Manipulaciones activas

En este grupo de comportamientos su niño lo desafía cada vez más, hasta que gana saliéndose con la suya. Tal vez no gana siempre, pero ha aprendido cómo obtener lo que quiere o cómo conseguir su atención a la larga. Ponga una palomita en la caja que corresponda a cada Comportamiento-objetivo que se aplique a su niño.

1. Incumplimiento —no hacer lo que se le ordena.
   TDA (IA): común; TDAH (AM): muy común.
   Con el niño con TDA/TDAH (IA/AM): ¿Se encuentra a sí mismo repitiendo órdenes hasta que termina gritando? ¿Le suena familiar?

"Johnny, por favor recoge tus juguetes, es hora de cenar."
   No hay respuesta. Pasan dos minutos.
   En un tono más irritado: "Johnny, dije que recogieras tus juguetes, la cena está lista" . No hay respuesta. Pasan dos minutos.
   Fuerte: "Johnny, levanta los condenados juguetes y ve a la mesa". No hay respuesta. Pasan dos minutos.
   Gritando: "¡Si no recoges esos malditos juguetes en este momento, te voy a matar!"
   Finalmente obedece, y usted acaba cenando con acidez estomacal.

Johnny ha aprendido a desconectarse o ignorarlo. La mayoría de las veces probablemente usted entra y echa los juguetes en el baúl de los juguetes, y él gana. Su coacción repetida le da mucho de su tiempo y atención. De hecho está siendo reforzado.

Nuestra meta en el PHC es una orden dada en un tono normal pero firme, momento en el que inmediatamente hace lo que se le pide. Sé que usted debe estar pensando: ¡Ajá, claro! ¡Con un chico con TDA/TDAH (IA/AM) no hay manera! De hecho, usted va a aprender cómo lograr esta meta estricta, y con niños con TDA/TDAH (IA/AM), es esencial que consiga que obedezcan inmediatamente. Usted es el que manda. No se tolerará alboroto ni peleas. Con los niños con TDA/TDAH (IA/AM) usted debe de ser muy firme. Sin embargo, como verá en el capítulo 7, cuando obedezcan inmediatamente, ganarán su atención positiva. Usted estará reforzando deliberadamente los comportamientos apropiados. El PHC es firme y positivo a la vez.

Meta: Una orden —cumplimiento inmediato.

2. Oposicionismo —desafío abierto.
   TDA (IA): raro; TDAH (AM): muy común.

¿Su niño le contesta? ¿Le dice "¡No, no lo voy a hacer. No me puedes obligar!"? ¿Lo mira a los ojos y lanza su juguete al suelo? Esto es oposicionismo. ¿Se encuentra a sí mismo gritándole cada vez que hace eso? ¿Hierve su sangre al punto de darle nalgadas? ¿Él hace exactamente lo mismo al siguiente día? En el capítulo 8 estudiaremos el castigo, y usted aprenderá que aun cuando sus interacciones son negativas, cuando le da su tiempo y atención de hecho lo está reforzando. Pregúntese a sí mismo: "¿Por qué continúa este comportamiento una y otra vez?" Recuerde, si es recurrente, está siendo reforzado.

Nuestra meta con el niño con TDA/TDAH (IA/AM) es ser muy estrictos. No se permite desafío. Cero. Sin embargo, si el niño habla en una forma positiva, de tipo asertivo: "Papá ¿puedo terminar de ver mi programa?", sea amable y escuche. Pero si su respuesta sigue siendo no, no tolere ningún desafío.

Note que el oposicionismo involucra más manipulación activa que incumplimiento, de manera que su niño acabe ganándole.

Meta: Una orden —no hay desafío.

3. Berrinches o rabieta.
   TDA (IA): raro; TDAH (AM): muy común.

Los berrinches tienen un amplio rango de severidad. Pueden ir desde patear el piso, llorar, azotar una puerta, tirarse al suelo gritando, correr por todo el cuarto escandalizando y rompiendo cosas. Las rabietas son muy comunes en los niños con TDAH (AM). Los esfuerzos por controlar o restringir a la niña sólo le dan la atención que busca y refuerzan el comportamiento. No se preocupe; aprenderá a manejar esto correctamente.

Los berrinches son formas altamente inapropiadas de expresar sentimientos. Pueden volverse un hábito y continuar hasta la adultez. ¿Sabía que son la causa número uno de divorcio?

Ser asertivo es la forma correcta en que un niño debe expresar sus sentimientos: "Mami, estoy enojada contigo por que no me estás escuchando", es razonable. Las rabietas, no.

Podemos esperar no más de cinco rabietas por año, e incluso entonces deberían estar asociadas con que el niño está demasiado estresado o sintiéndose mal por que pudiera estar enfermándose. Las mamás son mejores para esto que los papás. Muchos niños con TDAH (AM) tienen varias rabietas por semana. Aun una mensual es demasiado. En el PHC vamos a ser realmente estrictos. Este comportamiento es intolerable y tiene que eliminarse, pero drogar a los niños con anfetaminas no es la forma de pararlo. Conoceremos formas más inteligentes para detener las rabietas.

De nuevo, note cómo los niños con TDA/TDAH (IA/AM) escalan activamente en la manipulación.

Meta: No más de cinco rabietas al año.

Grupo II: Manipulaciones verbales

Este grupo de Comportamientos-objetivo involucra una gran variedad de malabarismos verbales del niño para lograr ya sea salirse con la suya o atraer su atención. Éste es un patrón alternativo altamente favorecido por los niños con TDA/TDAH (IA/AM) cuando las más burdas manipulaciones activas no les están funcionando bien.

4. Afirmaciones como "pobre de mí" (autoconmiseración).
   TDA (IA): muy común; TDAH (AM): muy común.

Estas afirmaciones han sido diseñadas para hacerlo sentir lástima por su niño, para ganar su simpatía y salirse con la suya. Siempre que escucho a un padre que me dice en su primera sesión: "Es un niño tan sensible", sé que estamos tratando con un experto en patrones verbales del tipo "pobre de mí". Piense si alguna vez sucumbe ante este tipo de afirmaciones; pueden ser difíciles de resistir:

"No me quieres."
"Me odias."
"Nadie me quiere."
"No puedo hacer nada bien."
"¿Por qué todo me sale mal?"
"¿Por qué quieres más a mi hermano que a mí?"
"Soy un tonto."
"Todos me odian."
"Me quiero morir."
"Me voy a matar."

¿Le suenan conocidas? Si se presentan las dos últimas afirmaciones, es mejor consultar a un profesional que pueda asesorarlo sobre si hay un peligro real o si solamente son afirmaciones tipo "pobre de mí" más fuertes, diseñadas por el niño para salirse con la suya.

En esta categoría también se incluyen: hacer pucheros, gemidos y llanto manipulador, cuando el niño se lastima con mucha facilidad y llora. Llorar por que se cayó o se hirió no cuenta.

Cuando las afirmaciones tipo "pobre de mí" sólo ocurren rara vez no lo considere como Comportamiento-objetivo. Los niños pueden estar cansados, sobreestresados o enfermos, y en todas esas ocasiones necesitan que los conforten. Sin embargo, cuando los "pobre de mí" son frecuentes y manipuladores, no podemos permitir que continúen. Si son habituales, el niño eventualmente empezará a creer lo terrible que es y lo mala que es su vida; esto se conoce como internalizar, y puede ocurrir alrededor de los diez años. Una vez internalizadas, estas afirmaciones se convierten en creencias, y entonces producen un adolescente o adulto deprimido.

Al hacer estas afirmaciones repetidamente, un niño pierde la capacidad para distinguir entre manipulación y sentimientos verdaderos. Eventualmente, si se permite que continúe, ella o él no se sentirá bien la mayor parte del tiempo. Se sentirá triste, decaído o deprimido.

Frecuentemente se nos dice que la depresión es una enfermedad. Sin embargo, ¿puede ver la forma en que a través del ensayo verbal un niño puede aprender a verse a sí mismo y al mundo en una forma deprimida? Desarrolla un patrón subyacente de pensamientos o cogniciones depresivos. Cuando esto sucede, el tratamiento se vuelve difícil. Ésta es una forma en que se desarrolla la baja autoestima en el niño con TDA/TDAH (IA/AM).

Para restablecer la capacidad del niño para distinguir entre sentimientos reales y manipulaciones, se debe parar totalmente esta forma de ensayo verbal durante alrededor de cuatro meses antes de permitir una expresión ocasional de sentimientos.

Meta: Afirmaciones tipo "pobre de mí" sólo una o dos veces por mes, pero sólo después de no permitir ninguna por un periodo inicial de cuatro meses.

5. Afirmaciones negativas.
   TDA (IA): común; TDAH (AM): muy común.

Mientras las afirmaciones tipo "pobre de mí" son dirigidas hacia él mismo, las afirmaciones negativas se dirigen hacia fuera, hacia otras personas. Estas afirmaciones incluyen algunas de las siguientes:

"Te odio."
"Odio a mi hermano."
"¿Por qué siempre tenemos que ir al centro comercial?
"Ella es estúpida."
"Odio hacer esto."
"Eres mala."
"La escuela es aburrida."

Una vez más, una frase negativa ocasional no es una Conducta-objetivo. Sólo cuando usted las escuche varias veces por semana se considera un hábito o patrón que requiere corrección. Si se permite que continúe, entonces también se puede internalizar como parte de las creencias de su niño. Y será muy probable que vea a un niño, enojado, hostil, crítico, amargado y cínico. Una vez que se fijan estas características, es cada vez más difícil revertirlas.

Piense en cuán pocos adultos o niños querrían estar cerca de una persona tan negativa. Al permitir que las verbalizaciones negativas continúen, es muy probable que esté condenando a su niño a ser desagradable y evitado por los demás. Es buena idea corregir estas afirmaciones ahora. Sólo se agregan para que el niño con TDA/TDAH (IA/AM) no sea apreciado por lo demás.

Meta: Sólo expresiones esporádicas de alrededor de dos por mes, pero sólo después de un periodo inicial de cuatro meses durante el que no se permitirá ninguna.

6. Repelar o criticar continuamente.
   TDA (IA): común; TDAH (AM): muy común.

Apuesto a que ya sabe cómo se refuerza el repelar. Al presionarlo, su niño sabe que eventualmente usted se agotará y cederá. Éste es uno de los más fastidiosos patrones del niño con TDA/TDAH (IA/AM).

Cada vez que le dice "no" a su niño, es importante darle una buena razón. Si no puede pensar en una razón, reconsidere su respuesta. Usted tiene poder sobre su hijo, y puede ser muy frustrante para él si frecuentemente le dice "no" sin ayudarle a entender por qué. Sea justo. Sea sensible. Pero si ha dicho "no" por una buena razón, entonces ése es el final de la discusión.

Meta: No se permite repelar.

7. Interrupciones.
   TDA (IA): raro; TDAH (AM): muy común.

La interrupción puede ser uno de los comportamientos más desesperantes del repertorio del niño con TDA/TDAH (IA/AM). Levantar la extensión del teléfono y meterse cuando usted habla con alguien más no es muy agradable. Decir: "Mami, mami, mami" cuando usted está hablando con alguien es muy desesperante y muy poco cortés. Sólo se debería permitir la interrupción si está ocurriendo algo peligroso o hay una emergencia.

Meta: No interrupciones.

8. Quejas físicas —decir que están enfermos cuando no lo están.
   TDA (IA): algo común; TDAH (AM): algo común.

Quejarse de no sentirse bien cuando en realidad no es verdad, es una conducta verbal que se puede reforzar fácilmente. El niño con TDA/TDAH (IA/AM) odia la escuela y enfermarse es la mejor forma de librarse de ir. Al igual que con los demás patrones verbales, si se le permite continuar, se puede internalizar, y podría terminar teniendo a un hipocondriaco verdadero en sus manos.

Asegúrese de que su niña no está verdaderamente enferma. Si no lo está, envíala a la escuela y trate esto como un patrón verbal; si es frecuente, como Conducta-objetivo.

Meta: Que no haya quejas físicas a menos que sean verdaderas.

Grupo III: Comportamientos inatentos

No poner atención y no pensar, son el centro de los problemas del TDA/TDAH (IA/AM). Significa que la mente del niño no está concentrada en su trabajo o en lo que lo rodea. Su atención está en algún otro lugar, como cuando fantasea. No pensar significa que no está pensando en los comportamientos que está teniendo, las consecuencias de esos comportamientos, y su impacto en los demás. Imponer consecuencias a todas las Conductas-objetivo requiere que el niño con TDA/TDAH (IA/AM) ponga atención a sus comportamientos y recuerde las consecuencias por comportarse mal. Si no puede mantenerse activamente consciente de sus comportamientos y olvida las consecuencias inminentes, entonces seguirán ocurriendo hasta que finalmente empiece a recordar y controlarse. Una vez que se active esta autoatención y conciencia, todo su comportamiento mejora dramáticamente y se mantiene mejor sin necesidad de drogas estimulantes.

En este grupo nos concentraremos en atender tanto el hogar como la escuela.

9. No poner atención.
   TDA (IA): muy común; TDAH (AM): muy común.

Para trabajar con esta Conducta-objetivo necesitamos separar la inatención en tres comportamientos concretos:

a. Inatención visual o no mirar.
Los ojos del niños deberán estar en su trabajo escolar o en la persona que le está hablando. En casa es el padre, y en la escuela es el profesor. En casa se aplica a la tarea; en la escuela es el trabajo escolar. Será necesario trabajar en la escuela con éste y con los otros dos comportamientos relacionados con atención sólo si su niño no está en el 80 por ciento de aquellos cuyo trabajo mejora automáticamente dentro de las cuatro primeras semanas después de que ha iniciado el PHC en casa.

Meta: Un requerimiento estricto de que sus ojos estén en la tarea que está realizando o en la persona que le habla, con sólo algunas cortas distracciones.

b. Inatención auditiva o no escuchar.
El niño con TDA/TDAH (IA/AM) puede estar viéndolo a los ojos y no escuchar una palabra de lo que le está diciendo. Para verificar que esté sintonizado, sólo pregunte: "¿Qué acabo de decir?"

Meta: Debe ser capaz de repetir lo que le acaba de decir.

c. No recordar.
Hay dos tipos de habilidades mentales que es imperativo que domine el niño con TDA/TDAH (IA/AM). La primera es Memoria de Tareas, que requiere memorizar materiales académicos. La segunda es la Memoria Cognitivo/Conductual, en la que el niño debe recordar cómo comportarse correctamente en todos los entornos sociales.

Memoria de Tareas.
¿Puede memorizar el niño TDA (IA) o TDAH (AM)? ¡Sí! ¡Sí! ¡Sí! Requiere profunda concentración y mucha energía para memorizar su trabajo escolar. No tiene una enfermedad o desorden neurobiológico que lo impida. Los niños con TDA/TDAH (IA/AM) algunas veces pueden montar escenas dignas del Oscar al fingir una imposibilidad para memorizar y concentrarse, pero no se la crea.

He conocido a muchos adultos con TDA (IA) que están convencidos de que necesitan sus pastillas para ayudarles a concentrarse y memorizar, pero lo pueden hacer sin medicamentos. Éstas son habilidades que se pueden aprender y dominar con práctica diligente. Memorizar y concentrarse son habilidades fundamentales para casi todo el trabajo académico, y el momento ideal para aprenderlas es siendo niño. Para el niño que no las ha aprendido, requerirá más esfuerzo de su parte para dominarlas. Si convencemos a un niño de que tiene una enfermedad y no lo puede hacer, puede renunciar a intentarlo de verdad.

He escuchado de infinidad de padres que ven a su hijo con TDA/TDAH (IA/AM) luchar con su trabajo escolar pero que simplemente no parece ser capaz de retener el material. En ausencia de un IQ bajo o daño a los ojos u oídos, su hijo puede de hecho aprender las habilidades de concentración y memorización. Pero cuando usted se sienta con él, lo supervisa, lo engatusa, le ruega, lo asiste, le sugiere, y ayuda de más, nunca aprenderá a concentrarse y memorizar. Éstas son habilidades que deben dominarse. No es magia. Si su niño tiene dificultad para concentrarse y memorizar, entonces tal vez tenga que trabajar extremadamente duro hasta que domine estas habilidades. Entonces será capaz de utilizarlas para el resto de su vida. Una vez que se domina la habilidad, ésta se facilita. Al principio puede requerir un esfuerzo considerable.

De hecho, los niños con TDA/TDAH (IA/AM) ya saben cómo concentrarse y memorizar. Ya se han aprendido los complejos pasos para los videojuegos, los juegos de mesa y otras actividades que realmente disfrutan. Pero no memorizan el trabajo escolar porque lo odian. Lucharán a muerte contra usted para convencerlo de que simplemente no pueden hacer su trabajo escolar. Tengo incontables casos en los que implementamos el programa escolar para estos niños y, con las consecuencias apropiadas del PHC, de hecho demostraron que podían concentrarse y memorizar.

Memoria Cognitivo/Conductual.
Recordar también se aplica a todas las Conductas-objetivo, porque el niño con TDA/TDAH (IA/AM) debería recordar cómo comportarse correctamente en todo momento y en todos los lugares. Con las consecuencias correctas, aprenderá cómo comportarse adecuadamente en todas partes en menos de dos semanas después de que sus padres hayan empezado a implementar el PHC.

Meta: Concentrarse en su trabajo escolar y memorizarlo cuando se les pida, y recordar comportarse correctamente en todo momento.

10. Incapacidad y dependencia.
    TDA (IA): muy común; TDAH (AM): muy común.

Vimos los problemas de incapacidad y dependencia en el capítulo anterior. Hablamos de que hay cuatro tipos de dependencias: Dependencia de Tareas, Dependencia Cognitivo/Conductual, Dependencia de Medicación y Dependencia Emocional. La dependencia y la incapacidad están relacionadas con el tema Recordar, que acabamos de ver.

Si el niño con TDA/TDAH (IA/AM) aprende las habilidades de concentración y memoria que son requisito para los trabajos escolares, entonces desaparecerá la Dependencia de Tareas. Si aprende cómo comportarse correctamente en todo momento, esto es, desarrolla Memoria Cognitivo/Conductual sin que se le esté recordando o supervisando, entonces desaparece la Dependencia Cognitivo/Conductual. Si domina estas dos habilidades sin medicación, entonces desaparece la Dependencia de Medicación. Si aprende a hacer todas estas cosas por sí misma y con una ayuda mínima, entonces la niña desarrolla un acrecentado sentido de autoestima y autodependencia que reduce muchísimo la excesiva Dependencia Emocional.

Sin embargo, si los padres practican los métodos de crianza recomendados en la mayoría de los enfoques actualmente populares, entonces las cuatro dependencias aumentan y pueden incapacitar permanentemente al niño con TDA/TDAH (IA/AM). Debe aprender a funcionar independientemente, por sí mismo. Los medicamentos y los enfoques actuales no han sido diseñados para apoyar esto; sólo están empeorando las cosas. Recuerdo lo que decía Claude Steiner: Hacer a un niño dependiente e incapaz es lo peor que podemos hacerle.

Meta: Que no haya Dependencia de Tareas, Dependencia Cognitivo/Conductual, Dependencia de Medicación y haya poca Dependencia Emocional.

Joyce

Una de mis alumnas, Joyce, se adelantó para hablar conmigo inmediatamente después del primer periodo de clases del semestre. Había presentado y repasado los requerimientos para mi curso de Introducción a la Psicología, uno de los cuáles se llama requerimiento de mecanografiar. Hace mucho descubrí que muchos de mis alumnos salían mal en sus exámenes porque las notas que tomaban eran escasas o extremadamente imprecisas. Así que empecé a pedirles a mis alumnos que bosquejaran cuidadosa y completamente las notas que tomaban en mis clases y las mecanografiaran, lo que yo entonces calificaba. La precisión de sus notas mejoró, y también el promedio de calificaciones en todas mis clases. Creo que este requerimiento obliga a los estudiantes a desarrollar habilidades para escuchar activamente y concentrarse a fondo. Curiosamente, a los estudiantes les gustaba este requisito porque parecía beneficiarlos en todos los demás cursos así como en el mío.

Joyce dijo: "Dr. Stein, tengo síndrome de déficit de atención; ¿me permitiría grabar las lecciones para ayudarme con mi requisito de mecanografiar?" Suavemente contesté: "No. Ésta es tu oportunidad para superar tu mítico TDA. Yo te ayudaré. Mecanografía tus notas y tráemelas cada semana, y yo te ayudaré a mejorarlas. También le pediré a uno de los alumnos del curso que ha salido bien en otro de mis cursos que te ayude. Quiero que superes este problema. Tomará algo de trabajo duro y dedicación al principio". Para la tercera semana del semestre, me estaba presentando resúmenes excelentes. Dijo sentirse orgullosa de que finalmente había aprendido que podía escuchar activamente y concentrarse. Ella también comprendió que nunca tuvo TDA (IA). Sacó A en el curso y se graduó con un promedio de 3.2 (algo así como B).

He repetido esta escena infinidad de veces con estudiantes que creen tener una enfermedad de TDA/TDAH (IA/AM) y, por lo tanto, siempre serían inválidos.

11. Bajo desempeño escolar.
  TDA (IA): muy común; TDAH (AM): muy común.

El bajo desempeño escolar es la preocupación principal de los padres de niños con TDA/TDAH (IA/AM), y normalmente por eso los medican. El niño con TDA (IA) típicamente tiene bajas calificaciones, y el niño con TDAH (AM) tiene bajas calificaciones y además destroza el salón de clases.

Cuando se han controlado en casa con el PHC, alrededor del 80 por ciento de los niños también presentan inmediatamente una mejoría dramática en su trabajo y su conducta escolar. Para ellos, la intervención en el ambiente escolar ya no es necesaria. Sin embargo, para el restante 20 por ciento, se necesitará implementar un programa específico para la escuela, y esto se cubre completamente en el capítulo 10.

El TDA/TDAH (IA/AM) es básicamente un problema de actitud y motivación. Los niños con TDA/TDAH (IA/AM) odian el trabajo escolar, y no desean comportarse bien en ese ambiente. Note que no dice "odian la escuela". A muchos niños con TDA/TDAH (IA/AM) les gusta ir a la escuela, sólo odian hacer el trabajo.

Meta: Calificaciones de pase en todas las materias y no tener problemas de conducta. Por favor note que muchos de los niños con TDA/TDAH (IA/AM) que he tratado han logrado As y Bs; veremos cómo lograr eso con su niño.

12. Habilidades pobres de lectura.
   TDA (IA): muy común; TDAH (AM): muy común.

Casi la mayoría de los niños con TDA/TDAH (IA/AM) odian el trabajo escolar y muchos de ellos también odian leer. Unas buenas habilidades de lectura son fundamentales en la educación. En el capítulo 10 ofreceré diez sugerencias útiles para hacer divertida la lectura y mejorar sus habilidades a este respecto.

Meta: Ver a su niño despierto, leyendo bajo la cobija con una lámpara de baterías, después de la hora de dormir.

Grupo IV: Otros malos comportamientos comunes

Recuerde que es esencial que ponga todos los malos comportamientos bajo control al lidiar con el niño con TDA/TDAH (IA/AM). Si hay cualquier excepción, el PHC no funcionará bien. Los comportamientos en este grupo no se prestan para un paquete uniforme, así que simplemente les llamamos "otros". Sin embargo, cada Comportamiento-objetivo en este grupo es igual de importante que todos los que ya hemos visto.

13. Retraso.
   TDA (IA): común; TDAH (AM): común.

¿Su niño llega tarde a la escuela casi todos los días? ¿Se tarda una eternidad en terminar su tarea? Pero si van a ir a los videojuegos, ¿normalmente llega al carro como bólido y se para ahí a esperarlo? ¿Puede armar algunos juegos y juguetes casi con los ojos cerrados en menos de un minuto? De nuevo, si hay algo que no le gusta hacer, se tardará una eternidad para hacerlo. Si hay algo que le encanta hacer, hará lo que sea necesario para estar listo "más rápido que un bólido". Si usted contesta "sí" a estas preguntas, ¿no se pregunta si el TDA/TDAH (IA/AM) es algún tipo de misteriosa enfermedad altamente selectiva?

El retrasarse se puede controlar sin que usted tenga que estar constantemente exasperado con su hijo, y más adelante aprenderemos cómo hacerlo.

Meta: Sólo muy raras ocasiones de retraso, y nunca en las mañanas en que hay escuela.

14. Ser chismoso.
TDA (IA): bastante raro; TDAH (AM): bastante común.

Ser chismoso es un comportamiento bastante raro en los niños con TDA (IA), ya que normalmente son callados y reservados y no generan reacciones negativas de los demás niños. Los niños con TDAH (AM) normalmente son fastidiosos y se convierten en el blanco de la furia de otros niños. Los niños con TDAH (AM) frecuentemente tienen habilidades sociales pobres. Enseñarles y pedirles que se comporten en formas socialmente correctas es importante para ayudarles a llevarse mejor con los demás. Si usted responde a sus chismes resolviéndoles sus problemas sociales, está evitando que aprendan cómo resolver sus dificultades y enredos sociales.

En la mayoría de los casos es mejor que responda: "Ve y resuélvelo tú". Puede que usted quiera enseñar a su niño con TDA/TDAH (IA/AM) algunas habilidades sociales y verbales específicas, pero nunca se las enseñe en el momento en que está chismeando o reforzará esta tendencia. Enséñele en un momento en que esté tranquilo, cuando se esté portando bien. Si usted interviene constantemente en sus problemas sociales, evitará que él se involucre en el proceso de ensayo y error para aprender comportamientos apropiados. Hay sugerencias para enseñar habilidades sociales a su niño en el capítulo 12. Si necesita ayuda más a fondo, lea los libros del psicólogo Philip Zimbardo sobre la timidez.

El único momento en que usted debe intervenir es cuando los chismes de su hijo se refieren a algo peligroso como "Billy tiene un frasco de pastillas", o si existe agresión física.

Meta: Dejarlo que resuelva sus conflictos sociales por sí mismo.

15. Pleitos entre hermanos.
    TDA (IA): medianamente común; TDAH (AM): muy común.

Si hay un Comportamiento-objetivo universal, es los pleitos entre hermanos. Tratar de controlar completamente las riñas entre hermanos sería un ejercicio inútil. Usted puede, sin embargo, reducir el nivel de intensidad, y puede, y debería, controlar completamente la agresión física.

No intervenga a menos que el nivel de intensidad sea disruptivo e interfiera con lo que usted está haciendo. Si usted está viendo la televisión y no puede escuchar, es hora de enfrentarse a la situación. Si escucha: "Bájenle o nos meteremos en problemas con mamá", no se meta.

Cuando intervenga, nunca pregunte: "¿Qué pasa aquí?" Sólo se encontrará a sí mismo en la posición del juez del programa People's Court. Para el momento en que ambos niños le acaben de contar sus puntos de vista, usted estará completamente confundido. La mejor regla es que si usted tiene que intervenir, entonces discipline a ambos niños sin preguntar. Uno de ellos empezó, el otro reaccionó, y ambos son probablemente "declarados culpables". Sin embargo, si usted de hecho observó quién fue el culpable principal, entonces discipline sólo a ése.

Si tienen habitaciones separadas, es útil tener una regla estandarizada, que los niños no entren a la habitación del otro sin pedir permiso. Podrían evitar meterse en problemas retirándose a su cuarto para librarse de una riña que está complicándose.

Meta: Mantener la intensidad de los pleitos en niveles leves.

16. Agresión.
    TDA (IA): raro; TDAH (AM): ocasional.

En el DSM-IV, hay un diagnóstico separado para TDA/TDAH (IA/AM) con agresión. Esto se refiere a discusiones con otros niños que terminan en un altercado violento. Podría incluir golpear o lanzar objetos contra alguien, así que este Comportamiento-objetivo puede ser muy peligroso. La agresión nunca debe ser permitida, a menos que sea en defensa propia.

Debido a que este comportamiento usualmente es poco frecuente, algunas veces no responde solamente al PHC. Por esto, en el capítulo 11 veremos poderosas medidas adicionales para controlar este problema.

Meta: No agresión a menos que sea en defensa propia.

17. Mentir.

TDA(IA): bastante común; TDAH (AM): bastante común.

Las dos mentiras más grandes del niño con TDA/TDAH (IA/AM) son: "No, mamá, la maestra no me dejó tarea" y "Maestra, perdí mi tarea en el camión". ¿Le suena familiar? La mayoría de las mentiras están relacionadas con el trabajo escolar. Usualmente el niño miente para evitar ser disciplinado por no hacer algo o para obtener algo que quiere. Ya que el niño puede desarrollar su habilidad para mentir conforme crece, es mejor controlarlo firmemente lo más temprano posible, mientras usted todavía pueda distinguir fácilmente cuándo está mintiendo.

El juego imaginario y la fantasía son normales y no deben ser atacados.

Meta: No mentir.

Repaso de las Conductas-objetivo de su niño con TDA/TDAH (IA/AM)

Repase cuidadosamente las Conductas-objetivo que ha palomeado. Recuerde, éstos son comportamientos frecuentes y habituales. Si no está seguro de si debería atacar un comportamiento específico, entonces es mejor atacarlo. Ir a fondo y abarcar todo, están entre las más importantes razones por las que el PHC funciona mientras otros programas no son tan efectivos.

Evalúe las Conductas-objetivo

El desempeño y la conducta en la escuela no mejorarán a menos que todas las Conductas-objetivo estén controladas en un 90 o 100 por ciento. La generalización no se llevará a cabo, y será inútil empezar con el programa de Tarjeta de Reporte Diario hasta que este nivel de mejoramiento se haya logrado en casa.

El siguiente ejercicio es fundamental y debería realizarlo cada cuidador por separado. Primero, haga una lista de todas las Conductas-objetivo. Segundo, cada cuidador deberá estimar el porcentaje de mejora de cada comportamiento, siendo 0 el porcentaje para ninguna mejoría, y 100 por ciento el mejoramiento perfecto. Con ninguna evidencia de Conductas-objetivo en las dos últimas semanas. Hacer este ejercicio es de suma importancia. Trate de ser tan honesto y preciso como pueda.

Ejemplo 1. Demuestra un perfil en el que desempeño escolar, conducta, calificaciones en exámenes y calificaciones de tareas no mejorarán.

Conductas-objetivo	Estimados de mejora
Incumplimiento	70%
Oposicionismo	75%
Berrinches	100%
Pobre de mí	85%
Negativismos	85%
Repelar	80%
Interrupciones	80%
Quejas físicas	85%
Inatención visual	70%
Inatención auditiva	65%
No recordar	85%
Incapacidad	90%
Retraso	0%
Chismear	80%

La evaluación de Lectura, Pleitos entre hermanos, Agresión y Mentir son excepciones. No es necesario que alcancen el 90 por ciento para que los comportamientos escolares mejoren.

Ejemplo 2. Demuestra cuándo es más probable que el mejoramiento del comportamiento en casa se generalizará en la escuela, o cuándo funcionará el programa de Tarjeta de Reporte diario. Ninguno de los dos ocurrirá a menos que estos niveles de mejoría se alcancen.

Conductas-objetivo	Estimados de mejora
Incumplimiento	95%
Oposicionismo	100%
Berrinches	100%
Pobre de mí	100%
Negativismos	95%
Repelar	100%
Interrupciones	95%
Quejas físicas	90%

Inatención visual	95%
Inatención auditiva	95%
No recordar	90%
Incapacidad	90%
Retraso	100%
Chismear	100%

Si su niño fuera un paciente en mi práctica privada, yo de hecho aplicaría esta valoración con usted, una vez por semana. Sólo cuando se han alcanzado estos niveles altos de mejoría, mejorarán también los comportamientos en la escuela. No empiece el programa de Tarjeta de Reporte Diario hasta que estos niveles se alcancen, o no obtendrá resultados.

Algunas personas pueden criticar el PHC como represivo. De ninguna manera es represivo; de hecho, es un programa de estímulo. Sí, es estricto, riguroso y firme, pero mejorará la vida de su niño. Primero, usted no tendrá que meter esos terribles químicos en su cuerpo. Segundo, usted aumentará todos los comportamientos y habilidades adecuados en su niño. Tercero, él será más agradable y, en esa forma, atraerá más reacciones positivas de los adultos y otros niños. Cuarto, su niño mejorará su autoestima y autoimagen al volverse más autosuficiente e independiente. Quinto, su trabajo académico mejorará, lo que aumentará su autoestima. Sexto, todos los gritos, amenazas y nalgadas cesarán, y la tensión en el hogar se reducirá considerablemente. Y, finalmente, usted se sentirá más seguro de sus habilidades de crianza, y la tensión y el estrés se reducirán para usted y su niño.

Los niños con TDA/TDAH (IA/AM) quieren y necesitan una estructura apropiada. Se benefician cuando saben con claridad la diferencia entre bueno y malo. Recuerde escucharse cuidadosamente cuando diga: "Se ve mucho más feliz".

En el siguiente capítulo aprenderemos los principios para mejorar patrones de comportamiento deseados y apropiados.

CAPÍTULO 7

Reforzando las conductas deseadas

En este capítulo aprenderemos cómo interactuar con los niños TDA/TDAH (IA/AM) para aumentar los comportamientos deseables. Al final del capítulo anterior mencioné que los niños serían mucho más felices. La razón de esto es que el PHC se basa en el refuerzo social natural en vez de los enfoques mecánicos de otros programas. El modelo del PHC es realista porque enfatiza las interacciones padre-hijo normales y saludables.

La mayoría de los demás programas se basan en programas de Economía de Fichas, en los que se recuerdan las reglas por medio de letreros y se otorgan premios simbólicos como estrellas, fichas de póquer o palomitas, por buen comportamiento. Después de acumularlas o ahorrarlas, las fichas se canjean por refuerzos materiales tales como golosinas, juguetes o privilegios. Recuerde lo que vimos antes en relación a que la presencia de reglas pegadas en la pared y fichas simbólicas es contraproducente, ya que sirven como recordatorios e indicadores constantes. Esto es exactamente lo que no queremos para los niños TDA/TDAH (IA/AM). La Economía de Fichas genera Dependencia de Tareas y Cognitivo/Conductual. También enfatiza las recompensas materiales, lo que yo veo como pagar al niño por hacer lo que debe hacer como parte de las interacciones diarias en el hogar y la escuela. Además, no veo los programas de Economía de Fichas como un modelo apropiado para educar a los niños. Son artificiales y no establecen las bases para que el niño aprenda comportamientos e interacciones normales para la vida familiar.

El único momento en que utilizamos refuerzos materiales, es para controlar los comportamientos más tenaces de agresividad y mentir, después de que el PHC ha controlado todos los demás Comportamientos-objetivo.

¿Por qué no podemos aprender cómo disciplinar ahora?

Sea paciente para aprender a disciplinar. Aprendí hace mucho que si enseñaba disciplina a los padres demasiado pronto, ellos se saltaban la mayor parte de los tópicos más importantes, necesarios para lograr que el niño cambie permanentemente TDA/TDAH (IA/AM), que se refieren al refuerzo social. La disciplina sólo suprimirá temporalmente un comportamiento inapropiado —el refuerzo es la clave para enseñar al niño comportamientos apropiados y motivarlo para continuarlos. Muy pronto usted aprenderá poderosas habilidades de disciplina estricta, pero este capítulo contiene la clave para el éxito real.

¿Qué son los refuerzos?

Los refuerzos son premios que mantienen o aumentan los comportamientos. Recuerde lo que antes mencioné sobre lo que plantea esta regla: cualquier comportamiento que se mantiene o aumenta está siendo reforzado en alguna forma.

Aquí está otro cambio importante que aporta el PHC, en contraposición con otros enfoques populares. Si aplicamos lo que acabamos de aprender sobre el refuerzo, entonces queda claro que al interactuar con su niño cuando éste se está portando mal, refuerza las Comportamientos-objetivo de los que está tratando de deshacerse. Cuando discute con su niño sobre sus sentimientos, en el momento en que hace una afirmación tipo "pobre de mí", usted está ayudando a mantener o aumentar ese patrón verbal. Pregúntese por qué él repite constantemente estos comportamientos inadecuados. El solo acto de advertirle en el momento en que está ocurriendo el mal comportamiento, le da atención al niño por esa Conducta-objetivo.

Esta misma regla se aplica a las dependencias. Si usted se sienta con el niño mientras hace la tarea, usted está reforzando la Dependencia de Tareas. Además, estoy seguro de que su niño sigue diciendo "no puedo hacer esto", o "esto es muy difícil", o "la maestra no nos enseñó esto", o empezará a llorar. Fíjese en las frases tipo "pobre de mí" y las afirmaciones "negativas" que está reforzando. Las cosas empeoran, ya que él se vuelve tan hábil en elaborar tales frases, que hace que tanto él como usted crean que él es inadecuado y desafortunado.

La mayoría de los programas populares actualmente, están tan llenos de errores en términos de aprendizaje social adecuado y teoría conductual, que es difícil creer que han sido diseñados por psicólogos.

Tipos de refuerzos

Hay dos grandes categorías de refuerzos —social y material. A su vez, los refuerzos materiales se dividen en actividades y objetos.

Social	Material	
	Actividades	Objetos
poner atención	ver televisión	juguetes
pasar tiempo con	juego libre	dulces
un niño	salir de la casa	comidas favoritas
mirar a ———	andar en bicicleta	una bicicleta nueva
hablar con ———	jugar juegos	fichas (palomitas,
tocarse, tal como	jugar pelota	estrellas, fichas
abrazos y besos	privilegios especiales,	de póquer)
escuchar	como ir al cine	
aleccionar		
sólo mostrar una reacción		

Por qué es más importante el refuerzo social que el material.

1. Lazos: El reforzar socialmente a su niño favorece una relación cercana y amorosa. Los refuerzos materiales no.
2. Mejoras sostenidas: Los programas materiales no consiguen mejoras duraderas. Las ganancias tempranas se desvanecen rápidamente cuando los niños se cansan de los refuerzos materiales. Esto se conoce como efecto de saciedad, y cuando sucede esto, la motivación del niño también decae. Con el refuerzo social, no hay problema de saciedad, y usted puede hacerlo en cualquier momento y en cualquier lugar.
3. Expectativa de pago: Un problema importante con los programas materiales es la expectativa de pago, que es la negativa del niño a portarse apropiadamente a menos que lo recompensen. Esto tiene poco valor para la educación de un niño. El comportamiento apropiado en casa y la escuela no debe convertirse en algo por lo que el niño deba esperar un pago. Los niños deben desarrollar un sentido natural de cuidado y preocupación por los demás, y deben aprender que el comportamiento apropiado implica respeto hacia aquellos que nos rodean. Con el

refuerzo social no hay expectativa de pago. El amor, el afecto y la atención son consecuencias naturales saludables por el comportamiento. Los refuerzos materiales son invenciones artificiales.

4. Autoimagen positiva: Los niños TDA/TDAH (IA/AM) generalmente tienen una baja opinión de sí mismos. Los adultos y los otros niños no los aprecian. Por lo tanto, necesitan escuchar muchas alabanzas y recibir muchos abrazos. Esto es exactamente lo que hace el refuerzo social y lo que no hace el refuerzo material.

Principios para reforzar correctamente.

1. Inmediatez: Los niños hacen conexiones mentales o asociaciones entre comportamientos y consecuencias. Por lo tanto, es mejor reforzar durante o inmediatamente después de que se presentan los comportamientos correctos. Esto ayuda a los niños a aprender la asociación y reduce la confusión. Si se tarda en alabarlos, entonces asociarán la alabanza con el comportamiento que está teniendo lugar en ese momento, y no con la Conducta-objetivo que quieren mejorar. Si su hijo tiene un Comportamiento-objetivo hacer extraños ruidos en la mesa durante la comida, y por el momento está sentado tranquilamente, no se tarde. Diga, "Billy, estás sentado tan tranquilo, estoy orgullosa de ti". Señale el comportamiento correcto inmediatamente.

2. Consistencia: En las primeras etapa del trabajo con su niño TDA/TDAH (IA/AM) es extremadamente importante que lo refuerce socialmente en forma consistente y abundante. Si no logra trabajar duro en reforzar consistentemente los comportamientos correctos, no verá mejorías. Debe trabajar en el PHC, porque no hay milagros.

Si está en la tienda de abarrotes y éste es el lugar predilecto de Billy para hacer destrozos, entonces refuérzelo constantemente mientras estén en la tienda. Si está tranquilo, dígale "Billy, estás muy tranquilo en la tienda, sigue así". Cuando esté en el pasillo de las latas agregue "Realmente estás tratando de portarte bien ¿no es así?" Mientras va caminando con usted, junto al carrito, dígale "No estás corriendo por toda la tienda. Me alegro de que te quedes junto a mí". Verá cambios dramáticos en su niño TDA/TDAH (IA/AM) dentro de las dos primeras semanas, después de iniciar su entrenamiento. Pero obtendrá estos resultados sólo si se mantiene altamente consistente. Si no ve tales resultados, verifique si está siendo consistente. Más adelante, conforme los comportamientos nuevos se convierten en hábitos nuevos, puede relajarse un poco y ser menos extremadamente consistente. Durante las primeras semanas, debe mantenerlo así. Si afloja demasiado pronto, su niño se lo hará saber al empezar a portarse mal de nuevo.

La consistencia también debe mantenerse entre los cuidadores. Cada cuidador debe trabajar en reforzar consistentemente. Si no lo hacen, crearán un ambiente inconsistente y confuso para su niño, así que todos los cuidadores deben coordinarse y trabajar juntos.

También es importante ser consistente en distintos entornos: la tienda de abarrotes, el centro comercial, el auto, la casa de alguien más. Usted no desea que su niño se comporte bien sólo en casa. Refuércelo en todas partes, todo el tiempo.

3. Utilización de frases descriptivas positivas: Cuando refuerce a su niño, describa con un lenguaje muy preciso lo que él está haciendo bien. Por ejemplo:

"Billy, me gusta la forma en que estás sentado a la mesa. Estás tranquilo y estás pidiendo las cosas cortésmente." "Me gusta la forma en que te estás portando dentro de la tienda. Te estás quedando junto a mí y no estás tocando nada. Estoy muy orgullosa de ti." "Tu tarea está muy bien hecha. Tu escritura está hecha con cuidado y contestaste todas las preguntas tu solo.

Desafortunadamente, los padres de los niños TDA/TDAH (IA/AM) siempre utilizan frases descriptivas pero en la forma equivocada. Usualmente se relacionan con frases negativas para Comportamientos-objetivo inadecuados como:

Billy, ¡mira esos juguetes! Los regaste por todo el piso. ¿No ves esa caja para los juguetes? ¿Qué no puedes recoger algunos de tus juguetes y ponerlos en la caja? ¿Por qué te lo tengo que recordar siempre?

Chris, ¿puedes dejar de parlotear? No has dejado de hablar desde que llegamos a casa. Todo lo que haces es hablar, hablar, hablar. ¿Qué no puedes mantener tus labios pegados?

Usted puede estar acostumbrado a las frases descriptivas, pero desafortunadamente al tipo negativo. Ahora tiene que revertir esto y utilizar frases descriptivas positivas cuando su niño se está comportando correctamente. Esto es bueno para su autoestima y para mejorar los comportamientos deseados.

4. Hablar en una forma normal: Cuando esté reforzando a su niño socialmente, por lo que más quiera, muestre su placer, pero no exagere. Hable con el estilo con que lo hace normalmente. Algunos programas recomiendan exagerar su gusto y hablar en una forma exageradamente animada. Hacer esto, genera un comportamiento social-verbal inapropiado. Los niños pequeños tienen la tendencia a imitar este comportamiento verbal, y tal imitación les puede provocar problemas con otros niños, una de las últimas cosas que necesita un niño TDA/TDAH (IA/AM). Sea claro. Sea cálido. Sea natural. Hablar en un tono normal crea un ambiente más sedante y calmado, lo que es esencial para los niños TDA/TDAH (IA/AM).

Reforzar para ayudar a su niño a ser más independiente

¿Hace todo por su niño? ¿Le cocina? ¿Le lava su ropa? ¿Limpia su cuarto? ¿Hace su cama? Está desperdiciando valiosas oportunidades para enseñarle habilidades importantes. Lo crea o no, se sorprendería de la cantidad de habilidades complejas que le puede enseñar aun a un niño hiperactivo con déficit de atención. De hecho, es importante que se las enseñe porque ayudan al niño a sentirse más seguro e independiente.

Es más fácil hacer estas tareas usted mismo. Perseguir a un niño para que recoja una toalla es agotador. Lo sé. Pero una vez que haya completado el programa descrito en este libro y lo tenga funcionando bien, estará en condiciones de enseñarle estas habilidades y le pedirá que las ejecute como parte normal de compartir las responsabilidades familiares. Lo más importante es que se desarrolla un sentido de responsabilidad, comunidad y familia.

¿Cómo se logra la magia? Se logra utilizando una técnica de refuerzo conocida como moldear. Simplemente divide una habilidad compleja en pequeños pasos fácilmente aprendibles y refuerza a su niño por cada paso que aprende. Veamos un ejemplo. ¿Cómo aprenden los niños a nadar? Una forma es la escuela de natación de John Wayne —los lanza al agua y si no nadan se ahogan. También está la forma más sensata:

1. Siéntese en el lado menos profundo de la alberca.
2. Ponga la cara de su niño en el agua.
3. Haga que aguante la respiración y mantenga su cara dentro del agua por periodos cada vez más largos.
4. Meta toda su cabeza al agua.
5. Estire sus piernas mientras lo sostiene desde abajo.
6. Estire sus brazos hacia delante, manteniendo su cara dentro del agua.
7. Hágalo que flote "de muertito".
8. Una vez que pueda flotar, agregar la patada y movimientos de brazos es fácil.

La parte más importante es alabar (reforzar) al niño por cada paso que avance. ¿Ha combinado esta técnica de moldeado con elogiarlo por hacer el trabajo doméstico o el trabajo escolar?

Figura 7.1
Moldeando una conducta

Alto   Nivel de criterio

Nivel de
comportamiento

                        Nivel base

Bajo

                        Refuerzo

Vea la figura 7.1, es un diagrama de cómo funciona el moldear: Pasos pequeños para mejorías pequeñas; elogie las mejorías en cada paso. Apliquémoslo a enseñar a Christine de 6 años a hacer su cama.

El Paso 1 es encontrar su nivel base, lo que puede hacer sin recibir instrucciones. No hace un muy buen trabajo. Éste es un trabajo complejo para una niña de 6 años, y no es probable que aprenda el proceso completo en una sola sesión. Para el Paso 2, enséñele a acomodar correctamente las esquinas inferiores de la sobrecama. Haga que practique hasta que domine ese paso. Refuércela por su recientemente adquirida habilidad. "Christine, las esquinas se ven tan bien acomodadas y parejas. Hiciste un buen trabajo." El Paso 3 es jalar la sobrecama parejo por encima de la cama. "Christine, la sobrecama se ve tan bien acomodada y pareja. ¡Maravilloso!" De nuevo, refuerce. Tal vez quiera hacer cada paso en un día distinto. El Paso 4 es doblar el extremo superior de la sobrecama y colocar las almohadas encima. Refuerce. El Paso 5 es acomodar la sobrecama cuidadosamente sobre las almohadas. "Christine, ya puedes hacer una cama tú solita. Se ve tan bien acomodada y parejita. ¡Qué grandioso trabajo! Espero que te sientas orgullosa."

Christine ha dominado una nueva habilidad. Tiene una sensación de orgullo y logro. Y, con todo lo que usted aprenderá en el PHC, puede pedirle que haga esto cada mañana para siempre, lo que significa que es una cosa menos que usted tiene que hacer.

No hay límite para lo que usted puede enseñar a su niña, sin importar si está etiquetada como TDA/TDAH (IA/AM) o no. Al ir creciendo enséñele cómo cocinar, cocer, arreglar un apagador eléctrico y manejar un auto. Hará que su hija sea más segura de sí misma e independiente. Deje de hacer todo por ella y enséñele a hacer muchas cosas por sí misma.

Aplique el principio de moldear con su trabajo escolar. Si se le está dificultando alguna habilidad, rómpala en pequeños pasos y utilice el moldeamiento. Una vez que aprenda una habilidad académica, usted le pedirá que la ejecute por sí misma sin que usted esté sentado junto a ella todo el tiempo.

Por ejemplo, veamos cómo moldear una habilidad de escritura. Probemos con la letra "L" manuscrita. La letra "L" de Christine se ve así:

Enséñele el lazo superior —Paso 1.

Refuerce.
Ahora la parte trasera de la letra:

Refuerce.
Finalmente, el lazo inferior:

Refuerce.
Y el trabajo está terminado.

Una buena maestra utiliza el moldeamiento con sus alumnos durante todo el día. Al caminar por el salón, puede enseñar, a aquellos niños que están teniendo dificultades, un nuevo paso y reforzarlos. Puede ayudar a mejorar a cada niño en el paso específico en el que va, y cada niño se convierte en un campeón para el final del día escolar.

No hay absolutamente nada que esté físicamente mal en los niños TDA/TDAH (IA/AM), y no hay nada que no puedan aprender. Acepte este principio y vea cómo sucede. Tanto usted como su niño se sentirán orgullosos.

Andrew

En el momento en que escribo esto, Andrew tiene nueve años. Sus padres vinieron a pedirme ayuda cuando él tenía siete. Era un terror, un niño TDA/TDAH (IA/AM) a todo lo que daba. En casa, gritaba y jugaba en una forma salvaje, fuera de control, lanzando a voluntad juguetes a su alrededor. Ninguno de los padres podía controlarlo. Les aterraba llevarlo a una tienda, especialmente a una tienda de abarrotes. Si se volteaban por un segundo, lanzaba el carrito sobre alguien. Constantemente le decían "¡NO!" y le pegaban en la mano. Nada desalentaba a este niño. En la escuela, frecuentemente alzaba la voz, se levantaba para vagar por el salón, nunca completaba su trabajo, frecuentemente lo atrapaban con cosas que había robado a otros niños.

Los padres de Andrew se entrenaron en el PHC, y en menos de cuatro semanas después de que terminaron su entrenamiento, él se comportaba bien en casa y en la escuela. Les pedí a los padres que lo entrenaran para que ayudara en casa. Al principio se veían azorados. Dijeron que estaban satisfechos con sólo tener un poco de paz y tranquilidad. Pero continué animándolos para que hicieran más, y finalmente decidieron intentarlo. La primera semana usaron moldeamiento para enseñarle a alzar la cama y poner la mesa. Le encantó. Se sentía orgulloso y frecuentemente preguntaba si estaba haciendo un buen trabajo. La siguiente semana utilizaron moldeamiento para ayudar a recoger la mesa después de la cena y poner las cosas en la lavadora de trastes. De nuevo, le encantó. Se ponía radiante ante los elogios, la sensación de compartir y el sentirse más responsable. Pronto aprendió a utilizar los cuchillos de la cocina para ayudar a preparar la cena, un importante paso simbólico para él, como signo de madurez y responsabilidad. Su padre estaba tan sorprendido ante su progreso, que unas semanas más tarde le preguntó si le gustaría aprender a utilizar algunas de las herramientas que tenía en el garaje, y ayudarle con su pasatiempo de carpintería. Andrew estaba maravilloso. Ayudar a su padre a construir cosas, se convirtió en un medio especial para crear y fortalecer lazos. Los dos se acercaron más y más.

Sin ninguna intervención formal, el trabajo escolar de Andrew mejoró dramáticamente. Hasta empezó a alcanzar honores y era una fuente favorita de chismes positivos entre los maestros. Estaba recibiendo elogios en todas partes, y se convirtió en un niño feliz, altamente automotivado.

Ahora Andrew ayuda a su papá a reparar el auto de la familia, y su madre reporta que cuando Andrew y su papá están en el garaje, son muy serios. Sus intercambios verbales son suaves y formales. "Hijo, ¿me puedes pasar la Phillips?" Andrew pregunta "¿de qué tamaño?" Papá contesta, y trabajan juntos durante largas horas. El refuerzo ahora tiene una forma más discreta. Papá no dice mucho; el radiante orgullo en su cara (recuerde, sólo mostrar una reacción es un refuerzo) lo dice todo. Papá y Andrew aman ir juntos a los partidos de béisbol, y algunas veces va mamá. Ella dice ahora, que casi no recuerda cómo era Andrew. Constantemente él quiere aprender habilidades nuevas. Ella dice: "es un chico grandioso por donde quiera que lo vea". Ahora tiene una hermanita, y confían totalmente en él para cargarla, alimentarla y cambiarla. Ésa es mucha responsabilidad y confianza para un niño de nueve años.

En el siguiente capítulo empezaremos a comprender todos los aspectos del castigo y la disciplina. Aprenderemos por qué algunos castigos no sólo no funcionan sino que pueden empeorar las cosas para el niño con TDA/TDAH (IA/AM). Aprenderemos precisamente cómo disciplinar efectivamente.

CAPÍTULO 8

Por qué fracasan los castigos y funciona la disciplina

¿Alguna vez consideró que el significado del castigo es distinto del de la disciplina? De hecho, hay muchas diferencias. Vamos a explorarlas y a descubrir lo que realmente se requiere para controlar al niño TDA/TDAH (IA/AM).

Castigo *versus* disciplina

El castigo implica hacer algo específicamente doloroso para el niño. En crianza, esto normalmente involucra, golpear y gritar. Por otro lado, la disciplina significa utilizar consecuencias que no lastiman al niño, pero controlan efectivamente su comportamiento. La disciplina involucra ya sea la pérdida del refuerzo o la aplicación del aburrimiento. Los métodos que aquí calificamos como disciplina son Ignorar, Tiempo Fuera, Remoción de Refuerzo.

Veamos diversas razones por las que el castigo no sólo no funciona bien, sino que empeora las cosas para los niños con TDA/TDAH (IA/AM), y las razones por las que si funciona la disciplina.

1. El castigo pone nervioso al niño.
   La disciplina no pone nervioso al niño.
   Si su meta es enseñar al niño con TDA/TDAH (IA/AM) nuevos comportamientos, entonces ponerlo nervioso derrota ese propósito. Un niño nervioso no aprende. Repetirá los mismos errores una y otra vez. Un niño nervioso también tiene una excelente probabilidad de desarrollar problemas emocionales. Hay dos piedras angulares en la psicología, que están detrás de la mayoría de los comportamientos neuróticos —ner-

viosismo o ansiedad y depresión. Un niño que habitualmente es castigado se convertirá en una ruina emocional. Con disciplina adecuadamente diseñada no tendremos el problema del nerviosismo.

2. El castigo entrena al niño para desconectarse de su entorno.
   La disciplina no causa que el niño se desconecte de su entorno.
   Si usted grita o golpea a su niña, entonces la está entrenando para que se desconecte de usted. Al paso del tiempo, usted tendrá que gritar más fuerte y golpear más fuerte para conseguir alguna respuesta de su parte. Realmente la está entrenando o moldeando para que sea una niña con TDA/TDAH (IA/AM). El distintivo del niño con TDA/TDAH (IA/AM) es que se desconecta y no presta atención a su entorno. Así que el castigo sólo lo empeora.
   La disciplina apropiada no hace que el niño se desconecte. De hecho, lo hace pensar en lo que está haciendo mal y cómo afecto eso a otras personas.

3. El castigo enseña al niño a ser agresivo.
   La disciplina no enseña agresión de ninguna manera.
   Cuando usted grita o golpea a un niño, lo está modelando de acuerdo con la forma en que usted maneja sus frustraciones. Le está enseñando a ser agresivo. Está aprendiendo a gritar y pegar de acuerdo con su ejemplo. ¿Es sorprendente que los niños con TDA/TDAH (IA/AM) frecuentemente se metan en pleitos con otros niños cuando los molestan? Recuerde: si usted golpea, ellos también golpean. Si usted grita, ellos también gritarán. Ya que la disciplina no involucra ningún altercado físico, su niño no aprenderá a ser agresivo.

4. El castigo causa una profunda cólera hirviente y prolongada que se le regresará para atormentarlo.
   La disciplina minimiza el resentimiento y construye el respeto.
   Si usted pega y grita, es probable que su niño le esté guardando una cuenta emocional o mental. Cuando se convierta en adolescente y descubra su propio poder, cuídese. Se desquitará con usted por los años de dolor. Con la disciplina, el niño no aprecia particularmente las consecuencias negativas, pero comprende que se deben a malos comportamientos específicos. No lo apenan como persona, y no tiene que construir una bodega de resentimientos.

Johnny

Cuando Johnny tenía diez años, lo vi a él y a su padre como pacientes. El papá era brutal. Se enojaba con Johnny por cualquier cosa, gritándole y maldiciéndolo. Le decía cosas como "¡Eres el pedazo de mierda más tonto que Dios jamás hizo!" "¿Qué no hay nada que puedas hacer bien?" Algunas veces le daba una cachetada. Trabajé individualmente con su padre por largo tiempo, pero nada cambiaba. Continuaba teniendo un carácter muy irascible.

Johnny no era agresivo entonces, pero a los trece años empezó a convertirse en un buscapleitos. Deliberadamente provocaba a otros niños de la escuela. Algunas veces los extorsionaba y les pedía dinero a cambio de no golpearlos. Durante este tiempo, su padre aumentó su comportamiento brutal con Johnny, principalmente como resultado de las llamadas de los profesores para reportar los problemas de Johnny. A los quince años, las discusiones entre Johnny y su padre se convertían en pleitos a puñetazos, y Johnny era suficientemente grande para regresárselos.

No había visto a ninguno de los dos por varios años hasta que su padre me contactó para pedir ayuda para su hijo incontrolable. Cuando vi a Johnny me impacté. Tenía el pelo largo y grasiento, usaba una chamarra de piel y tenía varios tatuajes de cuchillos y suásticas. Me dijo que odiaba a su padre, odiaba la escuela, y odiaba a la mayoría de los chicos. Se describió como un solitario. Johnny me dio la impresión de estar consumiendo drogas, lo que corroboré, siendo la marihuana su favorita.

Una noche Johnny esperó a su padre en casa. Cuando se abrió la puerta, Johnny lo golpeó en la cara con un tubo de metal. Lo golpeó sin piedad, pero su padre no murió. Johnny me dijo que deliberadamente había apuntado los golpes lejos de la cabeza, para no matarlo. Johnny fue arrestado y salió bajo libertad condicional, con la estipulación de que debía continuar viéndome para que lo aconsejara.

Varios meses más tarde, Johnny fue arrestado por golpear a otro adolescente con un palo de billar en un salón de billar. El otro joven fue hospitalizado, y Johnny fue enviado a un reformatorio, en el que aún está. Creo que es muy probable que Johnny aprenda a ser un criminal de carrera a partir del tiempo que ha pasado en custodia juvenil, y tal vez algún día mate a alguien. Su padre le enseñó demasiado bien.

5. El castigo hace que el niño se centre en el castigador.
   La disciplina ayuda al niño a concentrarse en el mal comportamiento.
   Cuando usted grita o golpea a su niño, ¿lo ve él con odio en su mirada?
   No se está centrando en lo que hizo mal; está concentrando su furia en
   usted, la fuente de su dolor. Bajo estas condiciones, no está aprendiendo
   nada; sólo está odiando.
   Con disciplina, se puede concentrar en su mal comportamiento, recordar lo que hizo mal, y pensar en corregirlo. Éstas son metas muy importantes al trabajar con el niño TDA/TDAH (IA/AM).

6. El castigo es humillante.
   La disciplina no humilla.
   Como padre usted está cuidando el alma de su hijo. Si constantemente
   lo golpea y le grita, entonces está destruyendo su alma. Recibir gritos
   y golpes es humillante y penoso. Produce sentimientos de vergüenza.
   El niño TDA/TDAH (IA/AM) engendra sentimientos negativos en casi todos los que lo rodean. Ya de por sí no se siente muy bien. Castigarlo
   sólo se suma a su baja autoestima.
   Una disciplina apropiadamente diseñada no debería humillar, degra-
   dar, ser embarazosa, o avergonzar a un niño. Con una disciplina apropiada puede detener los malos comportamientos y al mismo tiempo
   mantener intactas su alma y su dignidad.

7. El castigo de hecho refuerza los comportamientos indeseables.
   La disciplina elimina toda posibilidad de un reforzamiento inadvertido.
   Recuerde nuestra lista de elementos de refuerzo social del capítulo 7.
   Si analiza cuidadosamente la lista, notará que golpear y gritar de hecho
   se relacionan con seis de los ocho elementos que refuerzan un compor-
   tamiento.

Elementos de refuerzo social	¿Presente? sí	no
Ponerle atención	x	
Verlo	x	
Tocarlo	x	
Hablarle	x	
Escucharlo		x

Dedicarle tiempo	x	
Aleccionarlo		x
Mostrar una reacción		x

¿Ha notado que cuando constantemente grita o golpea a un niño TDA/ TDAH (IA/AM) día tras día, sigue repitiendo los mismos comportamientos? Recuerde que cualquier comportamiento que se mantiene o aumenta está siendo reforzado. Ahora, mientras observa esta lista, ¿ve con claridad la forma en que el castigo de hecho refuerza y mantiene los mismos malos comportamientos que usted pretende eliminar en el niño con TDA/TDAH (IA/AM)? Por lo tanto, el castigo es autoderrotante. La disciplina elimina todas las fuentes de refuerzo y no puede reforzar los malos comportamientos.

Scott

Cuando Scott tenía siete años vino a mi oficina con sus padres, andaba por todo el cuarto, tocaba las cosas en mi escritorio, sacaba los libros del librero, los revisaba, después los dejaba caer en el piso, y finalmente se dirigió a mi computadora. Su papá continuamente le decía que no hiciera esto y aquello; después Scott empezó a gritar y el padre le dio una nalgada. Cada incidente hacía que los malos comportamientos se detuvieran por uno o dos minutos, pero inevitablemente Scott retomaba sus correrías. Le dije a su padre que sus castigos realmente estaban reforzando su mal comportamiento, pero él y su madre no me creyeron en un principio. Después de terminar el PHC y controlar a Scott, su opinión cambió. En la última sesión, el papá me dijo "Dr. Stein, pensé que lo que dijo en la primera sesión, sobre reforzar los comportamientos, era palabrería. Ya no lo pienso. Hemos aprendido mucho, y lo que nos enseñó funcionó. No podemos negar los resultados. Si los amigos que nos recomendaron no hubiesen pasado por el programa y no nos hubieran convencido de continuar, probablemente no lo habríamos hecho".

8. Los niños pueden buscar el castigo.
   Los niños odian la disciplina.
   Hace muchos años aprendimos que una total ausencia de estimulación es, tal vez, la condición más agresiva para los humanos. Si yo lo colocara en un suave colchón blanco, cubriera sus pies y manos con algodón blanco, y lo rodeara con paredes blancas y un techo blanco, al principio

usted sentiría paz y tranquilidad. Sin embargo, dentro de las primeras veinticuatro horas usted estaría desolado, rabiosamente loco. Haría
cualquier cosa por que algo estimulara sus sentidos. Esta ausencia
de cualquier estímulo, o cero estimulación, es muy agresiva. Algunas
veces se le considera como privación sensorial. Los niños evitan la
cero estimulación como si fuera una plaga. La odian. Para ellos es peor
que el castigo.

Si vemos las tres formas básicas de estimulación:

Positiva	Cero	Negativa
+	0	−

Usted notará algo interesante. Si un niño no recibe estimulación positiva, que es un refuerzo, y evita la estimulación cero a toda costa, ¿dónde tiene
que buscar estimulación? Directamente en las formas negativas de estimulación que son los castigos. Espero que esté empezando a aprender cómo y por
qué funcionan los niños como lo hacen.

La importancia de la estimulación cero

Los psicólogos juegan sucio. Hemos aprendido a utilizar la información sobre la
estimulación cero en el manejo de los niños. Varias técnicas aplican la estimulación cero, también conocida como aburrimiento, para disciplinar comportamientos indeseables. Las tres técnicas son Ignorar, Tiempo Fuera y Remoción
del Refuerzo.

Ignorar es prácticamente inútil con los niños con TDA/TDAH (IA/AM), así
que no necesitamos discutirlo. Tiempo Fuera es bastante útil, pero los enfoques
utilizados actualmente no fueron diseñados específicamente para lidiar con el
niño con TDA/TDAH (IA/AM). He pasado años rediseñando el Tiempo Fuera para el niño con TDA/TDAH (IA/AM), y en el momento apropiado le instruiré sobre
cómo usarlo apropiadamente. La Remoción de Refuerzo es particularmente útil
para manejar comportamientos más tenaces, tales como agresión y mentiras.

El Tiempo Fuera evita las trampas del castigo

El Tiempo Fuera es una forma de disciplina que evita los riesgos del castigo.
Los beneficios de la utilización correcta del Tiempo Fuera son:

1. No hay dolor.
2. No hay nerviosismo.
3. No se desconectan del entorno.
4. No se enseña o se modela con agresión.
5. No hay una rabia prolongada o profundamente enraizada dentro del niño.
6. El niño se concentra en el comportamiento en lugar de hacerlo en el castigador.
7. No se humilla ni degrada al niño.
8. No se refuerzan comportamientos inadvertidamente.
9. No hay comportamientos de búsqueda de estimulación.
10. La estimulación cero —Tiempo Fuera es completamente aburrida.

En el siguiente capítulo revisaremos a fondo todos los pasos y elementos del Tiempo Fuera específicamente diseñado para el niño con TDA/TDAH (IA/AM). Si ha probado el Tiempo Fuera y no funcionó, no se preocupe: eso es lo que yo esperaría. Los enfoques populares en la actualidad no han sido cuidadosamente diseñados para niños TDA/TDAH (IA/AM). No sólo no funcionan, empeoran las cosas. Vamos a aprender de qué manera puede realmente obtener resultados.

CAPÍTULO 9

Tiempo Fuera para el TDA/TDAH (IA/AM)

En este capítulo aprenderemos cómo aplicar el Tiempo Fuera diseñado específicamente para controlar al niño con diagnóstico de TDA/TDAH (IA/AM). Encontrará que el método descrito es particularmente riguroso. Si refuerza el Tiempo Fuera cuidadosamente, utilizando cada una de las reglas aquí descritas, encontrará que su niño tendrá cambios dramáticos en dos semanas. Al ir surgiendo nuevos patrones de comportamiento apropiados, la necesidad del Tiempo Fuera desaparecerá rápidamente, y en su lugar usted estará reforzando a su niño abundantemente. Otros niños y otros adultos empezarán a apreciar a su niño, y lo tratarán más positivamente. El trabajo escolar de su niño mejorará, así como su autoestima. Si se hace correctamente, usted verá a un niño mejor portado, más exitoso y más feliz.

Las reglas del Tiempo Fuera para el niño TDA/TDAH (IA/AM)

Tiempo Fuera significa tiempo fuera de cualquier refuerzo. Considérelo como la aplicación del aburrimiento puro, como consecuencia para cualquiera de las Conductas-objetivo. Es una forma de estimulación cero, o privación sensorial. Si se aplica correctamente, es el método de disciplina más altamente efectivo que se conoce, y no tiene ninguno de los efectos secundarios del castigo. Es esencial que siga cada regla. Si no lo hace, no obtendrá resultados rápidos y óptimos. Recuerde, he diseñado estas reglas específicamente para lidiar con el niño con TDA/TDAH (IA/AM).

Regla 1 —La silla

Encuentre una silla grande y cómoda que pueda designar como la silla para Tiempo Fuera. Las sillas con el respaldo duro son incómodas, y la incomodidad no es el propósito del Tiempo Fuera. Los sofás hacen demasiado fácil el estirarse y quedarse dormidos. Es mejor que la silla no esté cerca de una ventana. Poder ver hacia afuera puede resultar reforzador. Si no puede hacerlo, sólo mantenga cerradas las persianas.

Regla 2 —Que no haya reforzadores cerca de la silla

Asegúrese de que no queden cerca de la silla objetos con los que el niño podría jugar. Los platitos para los vasos podrían convertirse en platillos voladores, y las plumas pueden ser cohetes espaciales. No debe haber cerca de la silla nada que pueda leer.

Asegúrese de que no pueda ver desde la silla nada que le proporcione entretenimiento. Para una familia con la que trabajé, el Tiempo Fuera no estaba funcionando hasta que el papá se sentó en la silla y se dio cuenta de que podía ver y escuchar la televisión que quedaba al final de un largo pasillo. Mover la silla medio metro para alejarla del pasillo, hizo la diferencia, y las cosas empezaron a mejorar.

Es mejor utilizar una habitación poco transitada. Ver mucha actividad también es entretenido, o sea que es reforzador. Una habitación completamente vacía, hace que sea muy fácil para su niño escucharlo venir para ver cómo está. Las salas normalmente funcionan bien para poner ahí la silla de Tiempo Fuera.

Asegúrese de que la habitación tenga buena luz. La oscuridad frecuentemente induce a dormir.

No coloque la silla viendo la pared. Eso es degradante e innecesario. Nunca avergüence o humille a su niño cuando imponga el Tiempo Fuera.

La habitación del niño no es una buena opción para el Tiempo Fuera. Hay demasiadas cosas con las que puede jugar. Con sólo mirar un juguete puede echar a volar su imaginación.

Regla 3 —No utilice un cuarto de baño para el Tiempo Fuera

Tengo ésta como una regla aparte, ya que diversos libros que he leído de hecho recomiendan utilizar los baños para Tiempo Fuera. En este cuarto no sólo hay muchas cosas con las que se puede jugar, un niño aburrido también explorará, y hay demasiadas cosas peligrosas, como píldoras y navajas, que puede encontrar. Ésta es una opción completamente insatisfactoria para el Tiempo Fuera.

Regla 4 —No relojes

No debe haber relojes que se puedan ver desde la silla de Tiempo Fuera. Usted quiere que el niño pierda la noción del tiempo. Pruebe un ejercicio fácil. Haga que alguien tome el tiempo mientras usted se sienta en la silla de Tiempo Fuera durante diez minutos. Le prometo que parecerá una eternidad cuando usted no tenga forma de saber el tiempo.

Usted debe tener algún aparato que lleve el tiempo. Yo utilizo un económico reloj que cuenta el tiempo requerido y suena cuando el tiempo ha terminado. Si usted no tiene un reloj que lleve el tiempo, se distraerá y olvidará poner a su hijo en Tiempo Fuera. Pueden pasar horas antes de que usted se acuerde. Confieso que me ha pasado más de una vez. Asegúrese de que cuando el reloj suene, su hijo no lo pueda escuchar. Si se ha estado portando mal, el timbre le avisará para que se comporte perfectamente justo antes de que usted venga para terminar con el Tiempo Fuera. Usted quiere que se comporte bien durante todo el tiempo que está en Tiempo Fuera.

Regla 5 —El tiempo mínimo en Tiempo Fuera

Las siguientes son las cantidades mínimas de tiempo en Tiempo Fuera que mejor funcionan:

Edad	Tiempo mínimo
3 a 4	3 minutos
4 a 5	5 minutos
5 a 11	10 minutos

Los investigadores han recomendado muchas variaciones en los tiempos de Tiempo Fuera, pero los que mejor funcionan con los niños con TDA/TDAH (IA/AM) son los que aquí mostramos. Recuerde que éstos son los tiempos mínimos. Bajo ninguna circunstancia podrán los niños salir antes.

Regla 6 —El tiempo máximo en Tiempo Fuera

¡Una vida! Teóricamente puede ser una vida. Su niño no puede dejar el Tiempo Fuera si en alguna forma no se está comportando bien. Su comportamiento debe de ser perfecto cuando se acaba el tiempo mínimo, o continuará hasta que se comporte perfectamente. No se permite llorar, sollozar, rogar, silbar, cantar, hacer ruidos o sentarse de cabeza. Se quedará hasta que se comporte perfectamente, entonces cuente un minuto antes de dejarlo salir. Por ejemplo, si Billy está llorando cuando se cumplen los diez minutos, déjelo ahí. Si para en el minuto dieciséis, cuente un minuto más de silencio, y entonces déjelo salir.

No le diga o ni le recuerde que se comporte correctamente para poder salir. Déjelo ahí. El sabrá las reglas. En cuanto usted le diga algo, estará reforzando su mal comportamiento. Nunca, nunca, nunca le hable a su niño mientras está en Tiempo Fuera. Éste es un aspecto muy importante al estar tratando con niños con TDA/TDAH (IA/AM). Si usted dice "Johnny, si dejas de llorar, te dejaré salir", usted no obtendrá resultados.

Esto le da una idea de qué tan riguroso debe ser el PHC. Recuerde, esto está diseñado para el niño con TDA/TDAH (IA/AM) que no escucha órdenes y se niega a comportarse bien. No tema ser estricto.

Mantenga a su niña en Tiempo Fuera aun si inicialmente le toma horas tranquilizarse. Aunque es raro, ha ocurrido. Si se mantiene firme, ella entenderá de qué se trata en unos cuantos días y se comportará correctamente siempre que tenga que estar en Tiempo Fuera. Para muchas familias, el promedio de tiempo durante los primeros días es de veintiún minutos. Lo máximo que he visto han sido cuatro horas, pero eso sólo ocurrió con cuatro niños en toda mi carrera de veinticinco años.

Regla 7 —El trasero en la silla

En ningún momento debe separarse su trasero de la silla. Una vez que se le ordene ir a Tiempo Fuera, debe ir inmediatamente o su trasero estará considerado fuera de la silla. Por estar fuera de la silla recibe una zurra consistente en tres palmadas firmes en el trasero, en ninguna otra parte. No repita esto por más de tres veces en un día. Si no lo nalguea suficientemente fuerte, fallará, y usted lo estará nalgueando por el resto de su vida. El propósito de la nalgada es entrenarlo para que se quede en el Tiempo Fuera, y esperamos que no tenga que volver a nalguearlo nunca más. Usualmente, decirle que esto sucederá es suficiente para evitar las nalgadas.

Antes hablé sobre el castigo y sus negativos efectos secundarios. Las nalgadas son un refuerzo utilizado raramente. Si se utiliza esporádicamente, puede ser efectivo, y la meta es no usarlo nunca, si es posible. Sólo hay dos momentos en que las nalgadas son apropiadas: entrenar a su hijo a que se quede en el Tiempo Fuera, y cuando hace algo muy peligroso, como cruzar la calle corriendo, sin fijarse. Yo seré feliz si usted nunca necesita darle una nalgada.

Si nalguear a su niña no la entrena bien para que se quede en la silla, entonces se necesita un procedimiento adicional de refuerzo. Si está completamente en contra de dar nalgadas, entonces puede utilizar esta técnica. Vacíe su cuarto de todos los juguetes, cosas con las que puede jugar y reforzadores. Ponga una mirilla en la puerta, para observar que esté segura. Ponga dos cerraduras en la puerta, una arriba y otra hasta abajo para mayor estabilidad —un pasador simple puede funcionar bien. Tiene una opción o va directamente a Tiempo Fuera o entra al cuarto. Una vez que esté en el cuarto, aplique todas las reglas. No se tarde o titubee para seguirlas rápida y eficientemente.

Regla 8 —Ir a la orden verbal

Su niña debería ir al Tiempo fuera "más veloz que un rayo" en el momento en que usted diga "¡Ve a Tiempo Fuera!" No le diga por qué. Si lo hace, estará interactuando con ella y reforzando su comportamiento. Sin embargo, haga excepciones con los niños de tres años: Puede ponerlos ahí. Pero después de los cuatro años, si no van inmediatamente en el momento en que se los ordena, su trasero está fuera de la silla, y entonces reciben una nalgada.

Regla 9 —No hacer advertencias

Nunca haga una advertencia. Nunca cuente "1-2-3 Tiempo Fuera". Esto violará todo lo que estamos tratando de hacer con el niño con TDA/TDAH (IA/AM).

Si usted le advierte, él contará con usted como "máquina recordadora". Sí, tal vez consiga que cumpla con la advertencia, pero no recordará lo que debe hacer el día siguiente y el siguiente. Hacer que recuerde es una parte esencial del entrenamiento en el PHC y un cambio fundamental en relación con los programas actuales.

Recuerde lo que vimos sobre Dependencia Cognitivo/Conductual. Una advertencia fomenta su dependencia de sus recordatorios para ayudarle a comportarse. Queremos que recuerde cómo debe comportarse, por sí mismo. No tiene alguna enfermedad misteriosa que le impida hacerlo. Imponga la regla, y pronto rechazará estas teorías de enfermedad y pronto verá que su niño puede recordar y lo hará.

Regla 10 —No hay negociación

Una vez que usted diga "Ve a Tiempo Fuera", no se retracte. Si ella dice: "Mami, está bien, recogeré mis juguetes", no negocie. Debe ir inmediatamente a Tiempo Fuera.

Si negocia con ella, le está enseñando a probar qué tan lejos puede llegar para salirse con la suya con el mal comportamiento. Poner a prueba a los padres es característico en los niños con TDA/TDAH (IA/AM). Usted debe ser firme si pretende conseguir resultados con el PHC. No se retracte.

Regla 11 —Continuidad

Imponga el Tiempo Fuera inmediatamente en cuanto el mal comportamiento o la Conducta-objetivo ocurra. Ella aprenderá a asociar el Tiempo Fuera con el mal comportamiento cuando las consecuencias ocurren inmediatamente después del comportamiento.

Regla 12 —Tiempo Fuera al menor indicio de un mal comportamiento

A la primera señal de un mal comportamiento, envíe a su niño a Tiempo Fuera. Esto hará que esté agudamente consciente de sus comportamientos y le ayudará a mantenerse alerta a su propia conducta en todo momento.

Si usted dice: "Billy, por favor recoge esos juguetes," y él se da la vuelta y se aleja de usted, diga sin vacilación: "¡Ve a Tiempo Fuera!" O si su cara muestra que se está enojando y tiene una Conducta-objetivo de berrinche, dígale que vaya a Tiempo Fuera.

Si usted ha de pecar, entonces peque de estricto. Usted debe establecerse como el que manda. Esta tontería de la enfermedad ha evitado que muchos padres tomen el control, y ha dado como resultado demasiados niños sometidos a anfetaminas. Siempre recuerde los beneficios. Al ser estricto, los mantiene lejos de las drogas, ellos se vuelven bien portados, y reciben multitud de abrazos, besos y elogios. Esto, también, es una diferencia importante entre el PHC y otros programas, y debe hacerse en el caso del niño con TDA/TDAH (IA/AM).

Regla 13 —Nunca hable a su niño o niña cuando esté en Tiempo Fuera

Mencioné esto antes, pero es tan importante que lo enfatizo en una regla. Una vez que su niño esté en Tiempo Fuera, no le hable. Nunca diga: "¡Si dejaras de sollozar podrías salir!" Una vez que diga algo, estará reforzando el comportamiento, y él terminará quedándose más tiempo. Al hablarle, usted anula la efectividad del Tiempo Fuera. No diga nada.

Regla 14 —Nunca lo ponga físicamente en Tiempo Fuera y nunca lo saque físicamente— debe ir a la orden verbal

Si usted pone a su niño físicamente en Tiempo Fuera, sin advertirlo lo estará reforzando. Al involucrarse físicamente, usted produce gran refuerzo social. Su interacción con él en el momento del mal comportamiento debería de ser mínima, nada más que "Ve a Tiempo Fuera" o "Sal de Tiempo Fuera". Recuerde la regla: Va a Tiempo Fuera con la orden verbal. Con un niño de tres años tal vez sea necesario guiarlo y ayudarlo. Después de los cuatro años, puede aprender a ir y salir por sí mismo.

Regla 15 —"¿Por qué fuiste a Tiempo Fuera?"

Cuando ella está en Tiempo Fuera, su niña debe pensar en lo que hizo mal. No se lo recuerde o le instruya sobre este punto cada vez que entra. Después de que le haya explicado las reglas inicialmente, ella sabrá lo que tiene que recordar.

Después de que usted le diga "Sal de Tiempo Fuera" y ella venga hacia usted, entonces diga: "¿Por qué fuiste a Tiempo Fuera?", si lo sabe, entonces dígale que haga lo correcto. Si no puede recordar lo que hizo mal, entonces dígale: "Regresa a Tiempo Fuera". Ahora está usted a punto de aprender una interesante lección sobre psicología infantil. Puede que ella le monte una terrible escena sobre ser totalmente incapaz de decirle lo que hizo mal. Y, créame, estos niños pueden ser convincentes. La segunda vez que salga, ella le dirá precisamente lo que hizo mal. No puedo recordar cuántos padres me han dicho "¡Esa pequeña latosa siempre lo supo!" Entrenar a los niños con TDA/TDAH (IA/AM) para recordar es un elemento fundamental para el éxito del PHC.

Repítalo sólo por tercera vez. Si aún no le puede decir, entonces está confundida genuinamente y usted debería decírselo a ella.

Está bien decirle a una pequeña de tres años lo que hizo mal después de que sale de Tiempo Fuera. Tal vez es demasiado pequeña para recordar por sí misma. La mayoría de los niños son capaces de recordar a partir de los cuatro años.

Regla 16 —Pedir la ejecución del comportamiento correcto

Después de que él le diga lo que hizo mal, pídale que lleve a cabo el comportamiento correcto. ¡Inmediatamente! Por ejemplo: "Johnny, ¿qué hiciste para ir a Tiempo Fuera?" "No recogí mis juguetes cuando me lo pediste." "Bien, ahora ¿qué deberías hacer?" "Recogerlos." "Por favor hazlo ahora." "Si señora." Y lo hace. Refuércelo en cuanto cumpla.

Si hay cualquier vacilación o indicio de desafío, mándelo de regreso a Tiempo Fuera inmediatamente. Si quiere que paren los patrones de TDA/TDAH (IA/AM), sea duro. Esta inflexibilidad es otro aspecto importante del PHC. Tratar a estos niños como enfermos e incapaces para funcionar, es una de las razones principales por la que los otros programas fracasan.

Regla 17 —Consistencia absoluta

Para trabajar exitosamente con el niño con TDA/TDAH (IA/AM), la práctica de la consistencia debe ser casi perfecta. La consistencia debe aplicarse para el uso del Tiempo Fuera en todos los lugares y entre todos los cuidadores.

Cualquier padre o cuidador que esté con el niño debe aplicar Tiempo Fuera con igual rigor. Si un padre impone el Tiempo Fuera correctamente y el otro no, no se conseguirán resultados. Si la abuela cuida al niño todos los días después de la escuela y no es consistente, usted no obtendrá resultados. Si una hermana adolescente tiene la responsabilidad de cuidar a su hijo y no se le da la autoridad o entrenamiento para usar el Tiempo Fuera consistentemente, usted no obtendrá resultados. Si usted le dice a su hijo "Espera a que llegue tu papá" , no logrará resultados. Todos los que cuidan a su hijo deben de ser consistentes.

En el capítulo 10 veremos el papel del profesor como cuidador. Sería ideal que todos los profesores siguieran el PHC en el salón de clases, pero hasta ahora no han sido entrenados para lidiar con los niños con TDA/TDAH (IA/AM). A este nivel de rigurosidad. Es mi esperanza que estos métodos sean incluidos en el entrenamiento para administración del salón de clases, como alternativa a las anfetaminas. Idealmente, padres y maestros deberían hacer lo mismo.

Consistencia también implica utilizar el Tiempo Fuera en cualquier lugar: restaurantes, centros comerciales, tiendas de abarrotes, reuniones familiares, etc. Trate de ubicar un buen lugar para Tiempo Fuera en caso de que fuese necesario. Una banca en el centro comercial o una mesa vacía en un restaurante, pueden servir bien. Si no hay nada conveniente a la mano, utilice el asiento trasero de su automóvil, pero no lo haga en un clima caliente o en malas condiciones climáticas. Quédese con la niña. Nunca la deje sola. Dele la espalda y recárguese en el auto. Siga los mismos procedimientos que usaría si estuviera en casa. Si está de visita en casa de alguien, utilice para el Tiempo Fuera una silla en una recámara. Pídale a su hija que se acerque y suavemente susurre que vaya a la recámara en la que están los abrigos y se siente en una silla o cama para Tiempo Fuera.

Siempre que use Tiempo Fuera en un lugar público, lleve a cabo los procedimientos tan callada y discretamente como sea posible. Trate de evitar humillar o avergonzar a su niño. Sin embargo, si él elige gritar y llorar, entonces permita que su vergüenza sea su problema. Compórtese como si estuviera en casa. Justo antes de que mi hija Heidi cumpliera cuatro años, su madre y yo decidimos que era tiempo de que mejorara su comportamiento en los restaurantes, y usamos el Tiempo Fuera como lo acabo de recomendar. Hizo un berrinche largo y continuo en el restaurante. ¡Le di al mesero una propina de 50 por ciento porque pensé que iba a tener una crisis nerviosa! Después de esa noche, el comportamiento de Heidi mejoró tanto, que llevarla a restaurantes nunca más fue un problema. Su madre y yo estuvimos agradecidos para siempre.

Regla 18 —Amplitud

Otro aspecto importante del PHC es que trabaja con todas las Conductas-objetivo. No permita que ninguna Conducta-objetivo, o incluso el menor indicio de una, se le escape. Esto asegurará que su niño siempre pondrá atención a sus comportamientos y siempre recordará portarse correctamente. Pronto aprenderá que si relaja su vigilancia, la disciplina viene inmediatamente detrás.

Regla 19 —Portarse mal en camino al Tiempo Fuera

¿Qué sucede si Johnny patea una silla o mascula una maldición cuando va en camino a Tiempo Fuera? Cuando termine el tiempo pregúntele que hizo mal, y después pregúntele: "¿Qué hiciste cuando ibas en camino a Tiempo Fuera? ¡Regresa!" Empiece a contar el tiempo a partir de cero. Cuando salga, pregúntele: "¿Por qué fuiste a Tiempo Fuera una segunda vez?" "¿Qué se supone que tenías que hacer en primer lugar? ¡Ve a hacerlo!"

Regla 20 —Pleitos entre hermanos

Cuando un pleito entre hermanos se pase de la raya y uno de los hermanos no se haya retirado a su cuarto, entonces envíelos a los dos a sillas de Tiempo Fuera en habitaciones separadas. Nunca pregunte: "¿Qué pasa aquí?" Todo se volverá confuso, ya que ambos se desgañitarán por contar su versión de cómo fue que el otro empezó. Si usted observó quién empezó, entonces puede enviar a ese niño solamente a Tiempo Fuera.

Regla 21 —"Tengo que ir al baño"

Si ella dice que tiene que ir al baño, en lugar de eso envíela a Tiempo Fuera. Si puede aguantar durante ocho horas por las noches, puede aguantarse diez minutos de Tiempo Fuera. Si tiene un accidente ella lo tendrá que limpiar. En el caso de los niños de tres años, déjelos ir al baño primero, y después empiece el Tiempo Fuera.

Regla 22 —Refuerce los comportamientos correctos

Si usted no refuerza activamente y consistentemente de inmediato, me refiero a elogiar los comportamientos correctos, nada funcionará. El refuerzo es la clave para el éxito.

Refuerce a su hija antes de que haga algo que está mal. Si no está teniendo éxito con su niño con TDA/TDAH (IA/AM) dentro de las primeras dos semanas, está haciendo una de dos cosas: o no está utilizando el Tiempo Fuera correctamente, como se delineó aquí, o no está reforzando los comportamientos correctos con la frecuencia suficiente o con suficiente entusiasmo. La falta de éxito no se debe a que su niño no responda; se debe a que usted está haciendo algo incorrectamente.

La conducta exacerbada

Ésta es de hecho la Regla 23, pero es tan importante que requiere una sección especial. Si usted está aplicando el Tiempo Fuera correctamente, puede esperar una verdadera exacerbación en el comportamiento, por un máximo de tres a cinco días. Aquí es cuando todas las Conductas-objetivo empeoran, posiblemente mucho, y su niño se verá envuelto en malos comportamientos que nunca presentó antes. En otras palabras, será "como si se hubiese desatado el infierno". Manténgase firme. No se desespere. Su niño es como un pez peleando para liberarse. Está buscando una rendija para liberarse. Si no hay rendijas, entonces, alrededor del cuarto o quinto día, se comportará casi perfectamente. Es como si sucediera un milagro, y sucede así de rápido.

No se relaje aún. No se sienta tan satisfecho como para relajarse. Manténgase tan estricto y tan reforzador como siempre. De hecho, ya que su hijo empieza a portarse bien, usted deberá estar pendiente de reforzarlo la mayor parte del tiempo. Deberán pasar días sin que sea necesario el Tiempo Fuera.

Si el estallido conductual no ocurre inmediatamente, algunas veces surge varias semanas más tarde. Usted puede esperar que así sea.

Explique el Tiempo Fuera

En el PHC, se explica el Tiempo Fuera sólo dos veces —la noche antes de empezar el programa y la noche siguiente. Es responsabilidad del niño con TDA/TDAH (IA/AM) recordar las reglas.

La explicación debe ser bastante simple. Los siguientes son los elementos esenciales:

1. Irá a Tiempo Fuera por diez minutos. Si se comporta mal estando en Tiempo Fuera, ahí seguirá sin importar el tiempo que pase, hasta que se comporte correctamente. No habrá recordatorios para que se comporte correctamente. No se permitirá llorar, sollozar, rogar o jugar con nada. Dependerá de él recordarlo.
2. Siempre que vaya a Tiempo Fuera, debe pensar en lo que hizo mal. Si no lo puede recordar, volverá a Tiempo Fuera. Irá a Tiempo Fuera por todos y cada uno de sus malos comportamientos. No le explique las Conductas-objetivo, o continuamente insistirá en que "¡No me dijiste eso!" Él aprenderá.

   No le diga que piense en lo que hizo mal cada vez que va a Tiempo Fuera. Es una regla normal que él debe recordar. Recordar activamente todas las reglas es lo que queremos que haga.
3. Si no va inmediatamente a Tiempo Fuera, recibirá una fuerte nalgada. Si se levanta de la silla, recibirá una nalgada.

Deje la explicación así de simple. Haga que su niño le repita la explicación y corrija cualquier confusión. Después de las dos primeras noches, no se lo vuelva a explicar.

No desfallezca por la forma en que el niño actúe durante la explicación. Algunos niños se ríen en son de burla, algunos lloran y otros se enojan. No importa: pronto odiarán el Tiempo Fuera.

Errores comunes

Los errores más comunes que cometen los padres son:

1. No reforzar suficiente.
2. Dejar pasar los comportamientos de prueba; esperando demasiado tiempo para imponer el Tiempo Fuera.
3. Dar advertencias.
4. Inconsistencia entre mamá y papá.
5. No utilizar el Tiempo Fuera para las Conductas-objetivo.
6. Dejarse conmover.

Para este momento usted se da cuenta de lo estricto que es el PHC. Es esencial mantener en mente que permitir a su niña que continúe actuando como niña con TDA/TDAH (IA/AM), la condenará a fracasar en la escuela, que la aíslen y la molesten otros niños; y no aprenderá a funcionar en una forma independiente. También significa mantenerla sometida a anfetaminas por un periodo indeterminado de tiempo, posiblemente hasta la edad adulta, con todos los riesgos inherentes a esas drogas.

Mientras más pronto ponga a su niña bajo control, su relación se volverá más cercana y amorosa.

En el siguiente capítulo, aprenderemos cómo lidiar con los problemas escolares en caso de que persistan. Recuerde que el 80 por ciento de los niños que han sido educados con el PHC, automáticamente mejoran en la escuela. En caso de que no suceda así, lo que sucede en el 20 por ciento de los casos, usted encontrará que el siguiente capítulo le dará los pasos adicionales del PHC para controlar los problemas escolares.

No empiece con el programa para la escuela hasta que todo esté bajo control en casa. Permita alrededor de un mes para ver si mejora en la escuela sin intervenir más allá.

CAPÍTULO 10

Mejorar el desempeño escolar del niño con TDA/TDAH (IA/AM)

Después de dos meses de haber implementado el PHC, todos las Conductas-objetivo deberían estar totalmente bajo control, exceptuando tal vez la conducta y el desempeño escolar. Si aún no están completamente bajo control en casa todos las Conductas-objetivo, sería inútil intentar una intervención en la escuela. Siempre que una familia ha tenido dificultad para conseguir una mejoría completa, reviso cuidadosamente con ellos todo lo que están haciendo, con el fin de poder detectar cualquier falla en la aplicación del PHC. Casi siempre puedo detectarlas y ayudar con las correcciones necesarias. Obviamente, no puedo hacerlo con cada uno de los lectores de este libro. Por lo tanto, les recomiendo dos pasos. El primero es revisar todas las etapas del PHC y tratar de identificar dónde pueden estar cometiendo errores. Revise los errores más comunes mencionados en el capítulo anterior. Si no puede encontrar el problema, entonces trate de pedir a una tercera persona, tal vez una amiga, que lea el libro y que observe lo que usted está haciendo. Usted puede sorprenderse por la forma en que una tercera persona puede ayudar objetivamente a detectar los errores.

Recuerde que después de lograr resultados excelentes con el PHC, el 80 por ciento de mis casos mostraron mejorías en conducta y en su desempeño escolar. Si usted está en el 20 por ciento restante, no se desespere. En este capítulo vamos a revisar los pasos específicos que usted puede tomar para controlar todos los problemas escolares.

Resolver dos aspectos importantes

Hay un aspecto importante que debemos atender antes de empezar a aplicar el programa para la escuela. Esto se refiere a su actitud y la actitud de su niño con TDA/TDAH (IA/AM) hacia la educación y la lectura. ¿Qué tanto valoran usted y su hijo la educación y la lectura?

Valoración de la educación

Un niño que ama profundamente el aprendizaje y lo atesora, nunca será diagnosticado como TDA/TDAH (IA/AM). Si los padres no le inculcan activamente el amor por el aprendizaje y una profunda apreciación por la educación, su niño no tomará la escuela con seriedad y no estará motivado para desempeñarse bien ahí.

Aprender requiere de mucha energía, atención sostenida, interés ávido, leer y escuchar activamente, memorización en serio, y profunda concentración. Todas estas cosas son difíciles para un niño. Para dominar estas habilidades, su niño deberá estar altamente motivado.

Hay varias medidas que usted puede tomar para lograr que el aprendizaje y la educación sean emocionantes e importantes para su niño. El amor por el aprendizaje es un valor, o una creencia profunda. Nuestros valores y creencias median la forma en que nos comportamos. ¿Cómo puede hacer que su niño se apasione profundamente por aprender?

1. Convierta el mostrar un interés activo en la tarea de su niño en una práctica diaria. Muestre su placer cuando lo hace bien. Elógielo. Emociónese. Refuércelo por sus esfuerzos constantes, después de su día de trabajo de siete horas.

    Tenga un corcho grande, tal vez en su cocina, en el que su niño pueda exhibir sus excelentes calificaciones en exámenes y tareas y sus dibujos. Durante la cena, pregunte a su niño cómo estuvo su día. Esto muestra un interés activo de su parte, y demuestra que a usted le importa. No asuma que él sabe que a usted le importa; es esencial que usted lo demuestre. Durante la cena mantenga la conversación en un tono suave. No hay necesidad de ser demasiado exuberantes o bulliciosos. Haga lo que haga, por favor no aleccione. Si él ha tenido un mal día, sea un alentador y diga, "Lamento que no te haya ido bien en tu clase de matemáticas, pero eres listo. Lo puedes hacer. Si hay algo que te confunda, yo te ayudo a aclararlo, y entonces tal vez puedas practicar tú solo hasta que te sientas seguro de que has dominado el problema. Ya lo has hecho muchas veces. ¿Recuerdas lo bien que te sentiste cuando resolviste ese problema de ciencia el mes pasado?"

2. Lleve a la familia a viajes educativos cortos y llenos de diversión. Visite museos, campus de universidades y lugares históricos. Apuesto a que usted vive en una zona rica, con historia fascinante, que aun usted puede desconocer. Pueden aprender juntos.

3. El amor por la naturaleza puede ser educativo y recreativo. Las vidas diarias de usted y su hijo pueden ser estresantes, pero pocas cosas nos refrescan tanto como un día pasado al aire libre. Las caminatas y los campamentos proporcionan ejercicio, al mismo tiempo que provocan maravillosos sentimientos de paz y serenidad. Además, aprender sobre la naturaleza puede ser excitante.

    Hagan viajes a lugares escénicos. Acampen y aprendan juntos todo lo que puedan de habilidades para acampar. Tomen frecuentes caminatas diurnas. Levántense temprano y vean salir el sol. Invierta en un telescopio y exploren los cielos juntos. Haga que su niño siembre flores y arbustos. Visiten planetarios.

4. Demuestre amor por la música. Me gusta todo tipo de música: rock, pop, country y clásica. Es importante que sus niños aprendan que pueden disfrutar todos los tipos de música y que no tienen que limitarse al rock.

    Creo que los conciertos en vivo pueden despertar un entusiasmo por la música mucho más allá que las cintas o los CDs. Si está dentro de su presupuesto, lleve a su niño a todo tipo de conciertos en vivo, evitando los eventos peligrosos o inapropiados. Frecuentemente he presenciado cómo los niños pasan de un rechazo a la música clásica a enamorarse de ella después de asistir a un concierto en vivo de una orquesta sinfónica. Afortunadamente, vivo cerca de Colonial Williamsburg, y mis niños pueden asistir a conciertos de música de cámara en vivo. Han llegado a amarlo. Si las finanzas son una preocupación, recuerde que las instituciones universitarias y culturales ofrecen todo tipo de conciertos a precios muy bajos, y el público normalmente es bienvenido.

5. Las obras de teatro son muy divertidas. El teatro en vivo puede ser una alegría para el niño. De nuevo, si los costos le preocupan, las institu-

ciones educativas ofrecen espectáculos para el público a precios muy económicos.

La mayoría de las ciudades tienen teatros dedicados exclusivamente a montar obras para niños. Revise en los periódicos y el directorio telefónico para enterarse de lo que hay accesible. Recuerdo haber llevado a mi hija, Heidi, a los diez años a ver una producción de *Matar a un ruiseñor*. Durante la escena del juicio en la que el hombre negro era juzgado por un crimen que no cometió, el fiscal empezó a gritarle al hombre. Mi hija de pronto se paró y gritó "¡Déjalo en paz!", todos en el reparto se congelaron y el teatro quedó silencioso como una tumba. Todos los ojos se dirigieron a Heidi. Incluso los actores voltearon. Después de lo que pareció una eternidad, todos se dieron cuenta de lo que sucedía y empezaron a reír. Heidi se sentó en silencio, avergonzada, y yo la abracé y la reafirmé. Ella estaba bien. Hoy es una apasionada de asistir a las obras teatrales. Algunas comunidades tienen teatro y conciertos gratuitos al aire libre. ¿Por qué no aprovecharlos?

6. Visite los campus universitarios. Muchos padres quieren que sus hijos vayan a la universidad pero nunca las visitan. Tales visitas ayudan a traducir la idea abstracta de la universidad a una realidad concreta, y muchos campus son hermosos. También ofrecen visitas guiadas, muchas veces llenas de historia local.

7. Viajen. Visiten otras ciudades y estados. Junten folletos antes de ir. Pueden conseguirlos por correo de la Cámara de Comercio del estado o de la ciudad. Lea estos folletos con su niño para hacer que el viaje sea más significativo y divertido.

8. En lugar de comprar una montaña de juguetes para Navidad y los cumpleaños, ¿por qué no mezclarlos con algunos juguetes educativos tales como un microscopio, un equipo de química, una granja para hormigas, o un juego de imanes? La mayoría de los centros comerciales actualmente tienen tiendas relacionadas con la ciencia, la naturaleza y de material educativo en las que puede conseguir estas cosas.

9. Ayude a su niño a desarrollar una afición. De nuevo, en lugar de darle juguetes para las ocasiones especiales, considere un juego de trenes, un equipo para tallar madera, aviones o botes armables a escala, accesorios para coleccionar monedas o estampillas, o material para arte. A los doce años mi hijo Alex expresó su interés por aprender fotografía. Sé que una vez que se decide a dominar algo, lo hará; así que hace dos

navidades invertí en una cámara manual y un libro de introducción a la fotografía. Se quedó despierto toda la noche leyendo el manual y usó la cámara al día siguiente.

10. Las computadoras gradualmente se están volviendo una parte del hogar, al igual que los teléfonos y las televisiones. Si puede pagar una computadora, hay oportunidades educativas ilimitadas. Buscar juntos en la red en busca de información sobre una infinita variedad de temas, puede ser muy divertido. Mis chicos son mejores para estas búsquedas que yo.

11. Jugar juegos de mesa juntos es una excelente forma de que las familias pasen tiempo juntas, y los juegos pueden ser educativos. Considere jugar "Scrabble", "Monopolio", "Ajedrez", "Pasa al frente de la clase", "Trivial" y muchos más.

12. Limite la televisión chatarra a una hora cada noche. Sin embargo, hay varios canales que tienen programas que ofrecen información en formas interesantes y amenas. Si acaban la tarea, ¿por qué no ver juntos programas sobre naturaleza, ciencia o historia? Creo profundamente que en la medida en que el niño se acople a este tipo de entretenimiento, eventualmente lo preferirá a las series y caricaturas. Ver televisión educativa puede estimular mucho el aprendizaje sobre los temas escolares y puede ayudar a hacer que el trabajo escolar sea más emocionante, real y concreto.

Espero que estas doce sugerencias le ayuden para que haga del aprender y la educación valores importantes para su niño. Si su niño ama aprender, entonces verá como desaparecen los comportamientos TDA/TDAH (IA/AM).

Amar la educación requiere amar la lectura. En la siguiente sección revisaremos cómo puede ayudar a su niño a desarrollar el amor por la lectura.

Inculcar amor por la lectura

Leer debería ser divertido. Debería ser gozoso, y los niños con TDA/TDAH (IA/AM) no disfrutan leer porque para ellos es una obligación. Se les exige. Es algo que deben hacer. Aprender las mecánicas de la lectura es menos importante que desarrollar una motivación para leer. La mejor forma de mejorar la lectura es leer. Nuestro trabajo es lograr que nuestros niños quieran leer. Me gustaría compartir con usted 10 sugerencias útiles para revertir la actitud de su niño e inculcarle una pasión por la lectura.

10 formas de hacer que la lectura sea divertida

1. Cuando los niños son chicos, la mayoría de los padres saben lo importante que es leerles todas las noches a la hora de acostarlos. Pero algunas veces los padres no están seguros de cómo deben seleccionar materiales que sean divertidos y educativos al mismo tiempo.

   Si a su niña le encanta un libro en particular y quiere que usted se lo lea cada noche, entonces por lo que más quiera, hágalo. Al mismo tiempo, para ampliar su repertorio de historias, haga un pacto con ella. Acuerde leerle su historia favorita, sólo si ella le permite leer después una historia nueva. Ya que la mayoría de los niños no se quieren dormir de inmediato, normalmente verá esto como una oportunidad para salirse con la suya y permanecer despierta por más tiempo.

   Por ensayo y error, ponga atención al tipo de historias que le encantan a ella, ya sean aventuras, misterio, cuentos de hadas, historias chistosas o familiares. Elija materiales que atrapen su imaginación.

   Cuando seleccione historias para leer a su niño, elija las que estén a su nivel de lectura o por encima, pero no las de su nivel escolar. Los niveles de lectura son determinados de acuerdo con pruebas nacionales de lectura que se realizan dos veces por año.

   Pida al maestro de su hijo que le explique el puntaje, que normalmente se reporta como el nivel del grado. Por ejemplo, si su niño está en el tercer grado y tiene un puntaje de 5.3 en su prueba, esto significa que está leyendo en el nivel del tercer mes del quinto grado. Entonces usted deberá tratar de seleccionar material de lectura de los niveles correspondientes para los niveles del quinto al séptimo grado. Si su niño obtiene 2.8, entonces está leyendo en el nivel del octavo mes del segundo grado, y usted querrá seleccionar libros del segundo al cuarto grado. Las librerías y las bibliotecas normalmente clasifican los libros por niveles. O usted también puede leer la contraportada del libro para obtener más información.

   La razón por la que hago esta sugerencia, es que muchos niños tienen excelentes habilidades auditivas. Éste es el momento en el que sus cerebros están listos para aprender el lenguaje, y aprenden vocabulario con mayor disposición escuchando que viendo. Así que, usted estará presentándole vocabulario auditivo que mejorará su familiaridad con las palabras y le ayudará al aprender a leer con la vista, en la escuela.

Estar familiarizados con las palabras les facilita descifrarlas cuando se les presentan en los textos escolares. Ayudarles a desarrollar habilidades auditivas también reduce el componente TDA (IA) del TDA/TDAH (IA/AM). Anímelos a que pregunten las palabras que no comprenden. Y no seleccione material demasiado avanzado, pues lo que quiere es que su ritual nocturno sea divertido.

2. Cuando seleccione libros para que ellos lean por su cuenta, trate de elegir unos que correspondan a sus niveles inferiores de lectura. Así no se brincarán palabras, y serán capaces de concentrarse mejor en el contenido de la historia.

    La mejor forma de mejorar las habilidades de lectura es leer. Si es fácil y divertido, ellos leerán, pero si es difícil, no lo harán. En la medida en que los niños adquieran el hábito de la lectura, sus habilidades mejorarán automáticamente.

3. Pocos niños quieren dormir a la hora de ir a la cama. En lugar de entrar en un combate de voluntades cada noche, ¿por qué no dejarlos que se queden despiertos treinta minutos más para leer? Ninguna otra actividad, tal como dibujar o jugar con un juguete, debería permitirse. La lectura a la hora de acostarse es un hábito que usted quiere que su hijo desarrolle desde temprano en la vida. Los pequeños prelectores pueden adoptar este hábito nocturno viendo los dibujos. Asegúrese de que el material de lectura tenga un nivel fácil y cómodo.

4. La biblioteca es un lugar especial y debería ser un lugar familiar y acogedor para todos los niños. Para que esto suceda, haga visitas frecuentes a la biblioteca con su niña, al menos cada dos semanas. Seleccione libros para que usted le lea y otros para que ella lea por su cuenta. En un esfuerzo para complacer o impresionar a sus padres, algunas veces los niños seleccionarán materiales demasiado avanzados. Dígale que lo que usted realmente quiere es que ella se divierta con lo que lee.

    A una edad muy temprana, mi hijo Kevin estaba seleccionando libros muy difíciles. Su madre descubrió que estaba tratando de impresionarnos y que no comprendía lo que estaba eligiendo. Le insistimos en que seleccionara libros más fáciles. Lo hacíamos leer algunos pasajes para estar seguros de que era fácil. Ahora Kevin es un lector ávido.

    Ayúdele a seleccionar temas que disfrute, pero haga un esfuerzo para ayudarle a que amplíe sus intereses. No empuje demasiado o encontrará resistencia.

5. Los niños adoran recibir cosas por correo. Suscriba a sus niños a revistas que reciban a su nombre. Estas revistas muchas veces tienen ejercicios y actividades divertidas que ustedes pueden hacer en conjunto. Creo que usted se sorprenderá agradablemente ante lo importante que el correo se va a volver para su niño.

6. Hay un mito tenaz que ha estado circulando por años en relación con que los libros de comics atrofian las habilidades de lectura. Esto es absolutamente falso. Si a su niño le gustan los comics, entonces siga la corriente. La diversión es nuestro interés central. Sin embargo, seleccione los comics con cuidado: algunos están muy orientados a la violencia y el sexo.

7. Leer debería ser una actividad familiar. Cada noche, durante una hora o más, apaguen la televisión y lean. Usted es un modelo de conducta, y verlo leer les transmite el mensaje de que es importante hacerlo.

   Cuando mis niños y yo leemos juntos, normalmente tengo a uno estirado en el sofá con su cabeza en mis piernas y al otro recargado en mi brazo opuesto. Aunque algunas veces me siento acalambrado, debo admitir que para mí esto es como tocar el cielo.

8. Si puede comprar libros, trate de armar una pequeña biblioteca para su niño. Enséñele a atesorar los libros.

9. Siempre que surja la oportunidad para una plática tranquila con su niña, pregúntele sobre sus lecturas. Trate de evitar presionarla, pero si se ve emocionada, muestre su entusiasmo.

10. Llene su casa con material de lectura. Su niño casualmente tomará revistas y libros que estén a la mano.

La meta es hacer que la lectura sea divertida. Tal vez el único momento en que el no atender es algo bueno, es cuando el niño está tan embebido en la lectura que no lo escucha. Si esto sucede con una frecuencia razonable, entonces puede suspirar con alivio; usted ha ganado —los hábitos de TDA/TDAH (IA/AM) han sido derrotados. Si usted se asoma a su habitación tarde en la noche y él está debajo de las cobijas leyendo con una lámpara de baterías, entonces, de nuevo, suspire con alivio —usted ha derrotado los hábitos del TDA/TDAH (IA/AM). ¡La "enfermedad" está en completa remisión!

El PHC para mejorar el desempeño escolar

Quiero reflexionar sobre algo interesante. Si un niño se porta un poco mal en casa, los psicólogos lo llaman niño mal portado, que no tiene un diagnóstico oficial catalogado en el DSM-IV. Si se porta mal en casa a niveles más severos entonces se le diagnostica oficialmente como Opositivo/Desafiante, que está etiquetado por los psicólogos como enfermedad. Sin embargo, si el niño se porta mal en la escuela, se le etiqueta como TDA/TDAH (IA/AM).

Los criterios para diagnóstico especificados en el DSM-IV, que vimos en el capítulo 4, indican que el diagnóstico de TDA/TDAH (IA/AM) se aplica principalmente al desempeño y conducta en la escuela. Francamente, los niños con TDA/TDAH (IA/AM) suelen odiar la escuela. Puede que les guste estar en la escuela para estar con sus amigos, pero odian hacer el trabajo. El TDA/TDAH (IA/AM), es básicamente un problema de motivación y no una misteriosa enfermedad. El psicólogo y educador Mike Valentine (1988) hace una muy interesante pregunta: "¿Por qué desaparece la enfermedad cuando el director entra en el salón?"

Nuestra meta en esta parte del libro es conseguir que la conducta escolar de su niño, y su trabajo escolar, estén controlados. Una vez controlados, es fundamental que usted implemente tantas de las sugerencias que acabamos de ver como sea posible, para cambiar su actitud hacia la lectura. Este programa ayuda a controlar los comportamientos, pero la verdadera solución a largo plazo es inculcar el amor por aprender y leer. Ésta es la verdadera cura para el TDA/TDAH (IA/AM).

Antes de aplicar el programa para la escuela

Antes de iniciar el programa específico para la escuela es importante que siga los siguientes cuatro pasos:

1. Haga revisar la visión y la audición de su niña. Algunas veces los problemas de visión y audición permanecen sin ser detectados durante años. Prográmela para que la revisen los especialistas apropiados.
2. Haga que prueben el IQ (Coeficiente Intelectual) de su niño. Las pruebas de IQ en realidad no miden la inteligencia —miden la preparación del niño para funcionar en el medio académico. Por lo tanto, yo prefiero el término RQ, Coeficiente de Preparación. Para no enredar más el punto, utilizaré la tradicional medida de IQ.

Un IQ de 100 significa que un niño puede desempeñarse en el nivel promedio de los niños de su misma edad y grado escolar. Podría ser capaz de lograr Cs y Bs con un esfuerzo razonable. Con un puntaje de 120, un niño debería ser capaz de lograr Bs y As con un esfuerzo razonable y debería ser capaz de desempeñarse bien en la escuela.

Un niño con un IQ de 80 o menos tendrá dificultad para seguirle el paso a un grupo normal. En niveles inferiores, un niño tal vez pueda desempeñarse mejor en grupos más pequeños en los que cada quien sigue su propio ritmo, en los que su progreso no se mida en competencia con los demás niños. Los grupos en que el nivel del material se iguala con la habilidad del niño, usualmente son benéficos y pueden ayudar considerablemente a restablecer la motivación y el sentimiento de éxito dentro del niño.

3. Asegúrese de que se le hagan pruebas a su niño para detectar impedimentos específicos para el aprendizaje o LDs. Estos problemas involucran a niños con IQ normal y por encima del normal que tienen problemas con una o dos habilidades específicas para el aprendizaje, como la lectura o las matemáticas.

   Las LDs que no son detectadas, hacen que el aprendizaje se dificulte y pueden ser la razón por la que un niño no presta atención o se porta mal en clase, o es etiquetado como TDA/TDAH (IA/AM). Sin embargo, lo inverso también es verdad: La inatención por varios años puede causar los problemas de LD, ya que el niño no aprende adecuadamente las habilidades fundamentales para algunas áreas de estudio. De hecho, ésta última es la causa más frecuente de los problemas LD. En cualquier caso, haga que su hijo reciba las pruebas correspondientes.

4. Si los problemas de TDA/TDAH (IA/AM) surgieran repentinamente, entonces considere la posibilidad de la existencia de problemas con un profesor muy severo o con un niño abusivo que aterroriza a su niño. En algunas ocasiones también he sabido de niños que se portan mal para ganar popularidad con los chicos de una pandilla.

Implementación de la tarjeta de reporte diario

Asegúrese de mantener el control de todas las Conductas-objetivo en casa. Si no mejora en la escuela, establezca una Tarjeta de Reporte Diario, como la que se muestra en la figura 10.1, con el maestro de su niño.

Figura 10.1

Tarjeta de reporte diario

Nombre:

Fecha:

Materias	Desempeño en clase (Hacer el trabajo, participación y atención)	Conducta en clase	Calificaciones en pruebas y cuestionarios (regresados hoy)	Califica- ciones en Tareas (regresadas hoy)	Iniciales del profesor

Comentarios

E = Excelente

S = Satisfactorio

N = Necesita mejorar

U = Insatisfactorio

Hay autorización para fotocopiarlo para su uso personal.

Las tarjetas para reporte normalmente se entregan cada seis semanas. Éste es un periodo demasiado largo de tiempo para moldear efectivamente los comportamientos. Necesitamos información precisa cada día, con el fin de igualar las consecuencias, con cuatro categorías: (1) desempeño en clase, (2) conducta en clase, (3) calificaciones en pruebas y cuestionarios que se regresan cada día, y (4) calificaciones de la tarea que se regresan cada día.

En la primera columna, se enlistan las materias en el orden en que se presentan cada día. El desempeño en clase, en la segunda columna, consiste en la apreciación del maestro de las conductas TDA (IA) durante cada clase: por prestar atención cuando el maestro está hablando; ejecutar las tareas que se le asignan adecuadamente, manteniendo sus ojos directamente en su trabajo y participar en clase con un comportamiento apropiado, tal como levantar la mano para hacer o contestar una pregunta en lugar de sólo gritarlo. Ésta es una estimación del comportamiento de tipo TDA (IA) mientras está en la escuela. El profesor lo califica con una estimación global, escribiendo E = excelente, S = satisfactorio, N = necesita mejorar un poco, y U = insatisfactorio o inaceptable.

157

La conducta en clase, en la tercera columna, es para que el profesor evalúe los comportamientos más de tipo TDAH (AM) durante cada clase. El profesor califica globalmente el hablar cuando no es su turno, gritar, lanzar pelotitas de papel, empujar a otros niños, o cualquier otro comportamiento disruptivo. De nuevo las calificaciones son E, S, N y U.

La cuarta columna es para que el profesor registre las calificaciones exactas por materia correspondientes a las pruebas o cuestionarios que regresó calificados ese día. Los sistemas de calificaciones pueden variar de acuerdo con la escala que acostumbren en la escuela; para algunos 80 por ciento es una B, pero para otros es una C. Averigüe como califican en la escuela de su hijo.

La quinta columna es para que el profesor registre precisamente las calificaciones exactas para la tarea que regresó ese día. De nuevo, familiarícese con el sistema de calificaciones que utilizan en su zona escolar.

Finalmente, el maestro firma con sus iniciales después de cada clase.

Las Es y la Ss se consideran como pase para desempeño y conducta, y las Ns y Us significan que falló o reprobó. En las pruebas, cuestionarios y tareas se considera que pasa si tiene Cs o más altas, y Ds y Fs no aprueban.

Si una sola calificación en cualquier parte de la Tarjeta de Reporte Diario es mala, se aplicarán consecuencias negativas en casa. Las consecuencias se cubrirán en poco tiempo. La tarjeta de reporte sirve como herramienta de comunicación entre la maestra y los padres. La responsabilidad de disciplinar es de los padres. Esto quita el peso de los hombros de la profesora por tener que disciplinar. Si la maestra tiene sus propios métodos para manejar y disciplinar en el salón de clases, es libre para continuar utilizándolos. Pero los padres aplicarán consecuencias apropiadas en casa y serán la autoridad.

En el PHC, es importante que el padre deje de sentarse con el niño mientras hace la tarea, aunque puede servir como recurso para resolver las dudas o preguntas del niño. Deje que el niño batalle con su tarea. Después de que se apliquen consecuencias por fallar en las calificaciones de las tareas, finalmente verá cómo empiezan a mejorar sus habilidades. Recuerde que sentarse con él refuerza su incapacidad. Deje que la Tarjeta de Reporte Diario haga el trabajo. Su niño puede funcionar. Espere que lo haga, y lo hará.

Algunos padres podrán protestar diciendo que disciplinar por una mala calificación en todo el reporte es ser demasiado estrictos. No lo es. Usted ha descubierto que puede portarse bien en casa, y ahora verá que puede hacer su trabajo apropiadamente en la escuela, y controlar su conducta allá.

Dentro de dos a cuatro semanas de aplicar la Tarjeta de Reporte Diario, verá cómo se empiezan a presentar mejorías. De hecho, sucede mucho antes: Muchas veces el solo hecho de empezar con la tarjeta de reporte, con el niño consciente de las consecuencias, es suficiente para producir resultados.

También sugiero que utilice la tabla en la figura 10.2. Haga una tabla grande como ésa y péguela en una pared que resulte conveniente. Haga que su niño pegue su tarea diaria y/o sus calificaciones de exámenes en el área correspondiente a cada materia. La razón para hacerlo es que los niños pueden creer que van bien, basados solamente en las dos últimas calificaciones. Esta tabla sirve como un recordatorio visual de su desempeño a través de el periodo de seis semanas de calificaciones; cuando se haga la tarjeta de reporte de la escuela, no habrá sorpresas.

Es buena idea tener una rutina fija para después de la escuela. Recomiendo juego libre para el niño con TDA/TDAH (IA/AM) de 3:30 a 5:00 p.m.: Esto le permite relajarse y quemar energía. También sirve como un refuerzo muy importante. Después del juego libre, puede empezar la tarea, después tal vez la merienda, seguida por más tarea, tal vez una hora de ver televisión, y finalmente, de treinta minutos a una hora de tranquila lectura familiar. La hora de ir a la cama debería de ser a una hora fija, establecida estrictamente. A la hora de acostarse sugiero el ritual de una plática tranquila mientras usted se sienta junto a la cama, tal vez les lea a los más pequeños, y finalmente, ya sea treinta minutos de lectura en la cama o apagar las luces.

Consecuencias

Si su niño tiene una mala calificación, el primer nivel de consecuencia es la pérdida del juego libre por ese día solamente. Su niño puede decidir al día siguiente si sigue el programa o aguanta las consecuencias. Mantenga este nivel en vigencia por un mes para ver si aparecen mejorías.

No permita que sustituya con ninguna otra actividad cuando pierda el juego libre. No se permite nada —ni leer, ni ver televisión, ni rompecabezas, ni juegos, ni hablar por teléfono, ni salir de casa, ni ayudar a preparar la merienda y, lo más importante, ni hacer tarea. Si ella terminara su tarea durante ese tiempo, intercambiaría periodos y terminaría no teniendo consecuencias. Debe aburrirse absolutamente. Puede dar vueltas por la casa, pero si hace cualquier actividad sin permiso, lo que quede de tiempo lo deberá pasar en la silla de Tiempo Fuera.

Manténgase en el nivel de pérdida del juego libre por un mes. Para entonces la mayoría de los niños empezarán a regresar a casa con calificaciones buenas. Si el suyo es un niño terco y recalcitrante, entonces aumente la pérdida del tiempo para ver televisión. De nuevo, no puede sustituir actividades. Si esto falla después de un mes más, entonces pase al siguiente nivel.

En el tercer nivel, si su niña falla dos días durante la semana, obtendrá las consecuencias diarias y además perderá todas las actividades del fin de semana, del viernes a las 3 p.m. al lunes por la mañana. Sólo he tenido un puñado de niños con TDA/TDAH (IA/AM), de los cientos de casos que he visto en veinticinco años de carrera, que llegaron hasta este nivel. La pérdida de un fin de semana usualmente es suficiente para terminar con los problemas escolares. De nuevo, no permita actividades de refuerzo durante el fin de semana —ni siquiera leer. Hágalo completamente aburrido. Prefiero este nivel de rigidez antes que meter anfetaminas en los cuerpos de los niños.

Las ganancias positivas

Una vez que su niño con TDA/TDAH (IA/AM) empieza a funcionar realmente, toda su vida cambia. Descubrirá que puede hacer su trabajo y controlar su comportamiento. Su autoestima escalará proporcionalmente. Su confianza en sí mismo mejorará. Los profesores lo reforzarán con más sonrisas y miradas de aprecio en lugar de la amenaza y la condena.

Conseguir buenas calificaciones es contagioso. Mientras más niños las consiguen, más motivados están para continuar teniendo buenas calificaciones; muchos niños deciden llegar aún más alto. Lo he visto suceder muchas veces.

Cuando su niño se porta mejor en todas las clases, los otros niños van a responder más favorablemente. Una conducta mejor fomenta la aceptación, que puede ser muy importante para un niño.

Sus frustraciones se reducirán. Usted dejará de gritar, amenazar, pedir y rogar para que ella actúe mejor. En lugar de eso, usted estará reforzándola con elogios y abrazos y besos, y su niña estará mucho más feliz. Su nivel de estrés y el de su niña se reducirán enormemente.

Explique el programa de la Tarjeta de Reporte Diario solamente una vez al principio de cada nuevo nivel (si es que necesita pasar a niveles más altos). Simplemente dígale qué calificaciones debe tener y cuales serán las consecuencias. Mantenga su explicación corta y simple. Haga que él se la repita. Corrija los malos entendidos y empiece el programa.

Jay

Jay ha pasado por todo. Cuando vi a Jay por primera vez, era un niño de nueve años que estudiaba tercer grado. Repitió año ya que reprobó en todo. Sus padres me informaron que había sido un terror desde que ellos lo podían recordar. Empezaron a buscar ayuda cuando cumplió cuatro.

El primer psicólogo que vio a Jay a esa edad lo diagnosticó como TDAH (AM). Recomendó una evaluación psiquiátrica para que le dieran medicación, sugiriendo la necesidad de Ritalín y terapia de juego. Responsablemente, los padres vieron a un psiquiatra, que recetó Ritalín. Jay empeoró. Después de varias semanas de terapia de juego y Ritalín, el psicólogo consideró que era conveniente una reevaluación del medicamento. El psiquiatra presentó una droga más fuerte, Dexedrina. Jay se puso aún peor. El psiquiatra aumentó la dosis, cosa que no ayudó. Después de varios meses, los padres dejaron de visitar tanto al psicólogo como al psiquiatra y descontinuaron la medicación.

El jardín de niños fue terrible. Jay perturbaba a la clase constantemente. La maestra llamaba a los padres al menos una o dos veces por semana, para reportar los malos comportamientos de Jay. Los padres no podían controlar a Jay, y decían que incluso en casa era como un tornado sin fin. En el primer grado, la maestra exigió una evaluación de la psicóloga de la escuela, y una reunión de equipo, el cuál consistía en el asistente del director, la maestra, la enfermera de la escuela, un consejero y la psicóloga de la escuela. En un reporte escrito, Jay fue diagnosticado con TDA/TDAH (IA/AM), y se recomendó una evaluación psiquiátrica, lo cual era una clave para exigir que lo sometieran al uso de medicamentos. Una vez más, se administró Ritalín a Jay, y una vez más su comportamiento empeoró. Se aumentó la dosis de Ritalín, pero parecía no tener efecto. Después de tres meses, le dieron Adderall. De nuevo, no hubo cambio. Pasó así el tiempo. La psicóloga lo sometió a un programa de Economía de Fichas, con reglas pegadas en la pared y fichas de póquer como recompensa. Cuando acumulaba fichas, Jay podía comprar dulces, usar juguetes o realizar varias actividades como llamar a un amigo. No cambió nada. Continuó siendo un niño-demoledor, tanto en casa como en la escuela.

El psiquiatra reevaluó la medicación de Jay y descontinuó el Adderall. Sometió a Jay a un tranquilizante menor. El comportamiento de Jay no cambió. Se duplicó la dosis. Al principio el comportamiento de Jay se hizo más lento, pero estaba adormilado todo el tiempo. El doctor dijo que esto pasaría. Así fue. Jay dejó de estar adormilado, y su comportamiento volvió a ser disruptivo. Se probaron varios tranquilizantes distintos. No cambió nada.

Para el tercer grado, Jay iba mal en todo, y no había manera de controlarlo. Había consultado a otros dos psicólogos. El último dijo a los padres que le recordaran a Jay cómo comportarse en todos los entornos nuevos y en cada cambio de ambiente. Mientras se lo estaban recordando Jay asentía con la cabeza y entonces rápidamente procedía a ser tan disruptivo como siempre.

Un psiquiatra le dio a Jay un tranquilizante fuerte llamado Haldol. Jay tuvo una contractura muscular en el cuello que jaló su cabeza para un lado. Desarrolló un temblor de manos; no podía sentarse en una silla sin levantarse inmediatamente; se volvió intranquilo y agitado. El doctor afirmó a los padres que estos "síntomas" eran sólo efectos secundarios que podían controlarse dándole otra droga llamada Cogentin. Los extraños síntomas desaparecieron, pero el comportamiento de Jay seguía siendo el mismo. Se descontinuó el Haldol y se probaron más tranquilizantes fuertes. Nada funcionó. Se agregó un tranquilizante menor. Jay se volvió adormilado y letárgico y apenas podía caminar.

Lo pusieron en un hospital psiquiátrico, en el que los psicólogos probaron varios métodos conductuales mientras continuaban con la medicación. Después de un mes, los doctores del hospital admitieron su derrota y lo liberaron. Jay reprobó el tercer grado. Fue durante su segundo periodo en el tercer grado que empezó a verme.

Describí a sus padres el entrenamiento por el que iban a pasar. Les dije que se iban a convertir en conductistas semiprofesionales, ya que entrenar a las personas que pasaban tiempo con Jay produciría los mejores logros. Ellos estuvieron de acuerdo de inmediato en tomar el entrenamiento en el Programa de Habilidades para Cuidadores y pidieron que los abuelos de Jay también asistieran. Aunque los abuelos no funcionaban como cuidadores primarios, tenían frecuentes discusiones con la familia sobre cómo educar a Jay. Yo consentí con agrado, con la condición de que cada adulto tomara sus propias notas. El abuelo estaba muy recalcitrante; él no iba a tomar notas —ése era el trabajo de la abuela. Le recomendé que grabara las sesiones y repasara sólo aquellas partes en las que había mayor confusión entre su esposa y él. Estuvo de acuerdo.

Ya que la familia tenía una historia de inconsistencia extrema, lograr los primeros adelantos tomó un poco más de lo usual. Jay tuvo una conducta exacerbada durante tres semanas; pensé que éste era para un libro de récords. Sin embargo, para la tercera semana Jay empezó a mejorar. En el transcurso de las siguientes dos semanas, los comportamientos de Jay estaban completamente bajo control, pero no había generalización en la escuela. Aún estaba fallando en todo. Ya que se le habían aplicado pruebas dos veces, y ambas veces mostró un IQ por encima de lo normal y no encontraron problemas de aprendizaje. Pensé que nos seguiríamos con el programa de la Tarjeta de Reporte Diario. Quería que la visión y la audición de Jay fueran revisadas antes, y se encontró que era muy miope y necesitaba usar lentes. Su audición estaba muy bien. Después de que recibió sus lentes, se implementó el programa de Tarjeta de Reporte Diario cuando todos los comportamientos en casa habían estado estables por un mes.

Las consecuencias empezaron con la pérdida del juego libre después de la escuela, sin sustituciones. Esta fase duró cuatro semanas, sin mejoría. Continuó mal en todo. Se agregó no ver televisión. Pasaron cuatro semanas sin mejoría.

Entonces agregamos la pérdida de todas las actividades de los fines de semana si fallaba dos días durante la semana. Jay podía caminar por la casa, pero no se le permitía nada más. Si lo atrapaban haciendo alguna de las actividades que no le estaban permitidas, tendría que quedarse en Tiempo Fuera. Después de un fin de semana, Jay salió bien en todas las materias en participación, conducta, tareas y pruebas. Esto empezó un lunes y continuó toda la semana. Todos, en especial la maestra de Jay, estaban maravillados. Yo estaba agradecido de que los padres hubieran tenido la tenacidad para mantenerse firmes y llevar a cabo el PHC y el programa de Tarjeta Reporte Diario consistentemente y sin titubear.

Todo esto se logró sin medicación. Jay está ahora en el séptimo grado y va bien. Dejé de verlo cuando aún estaba en tercer grado, pero periódicamente me topo con sus papás, que me dicen cómo va.

Jay fue uno de mis casos más difíciles, pero sus padres estaban altamente motivados, y eso era lo que se necesitaba.

Castigar no funciona

Los padres frecuentemente comprueban que castigar no tiene un significado preciso. Usualmente, esto involucra la pérdida de una actividad favorita o un objeto reforzador por varias semanas después de una mala calificación parcial. Esto raramente funciona, por varias razones. Primero, el niño sustituye automáticamente con otros reforzadores, por ejemplo, la pérdida de la bicicleta es sustituida por patinar. Segundo, la cantidad del tiempo para el castigo es demasiado larga para ayudar a modelar nuevos comportamientos. Un niño debe tener la oportunidad de probar nuevos comportamientos al siguiente día después de un fracaso. Si continúa siendo castigado mientras está probando nuevos comportamientos, se sentirá derrotado. Tercero, cualquier refuerzo que le hayan prohibido, pierde todo significado después de unas cuantas semanas. Le deja de importar perderlo. Cuarto, tan pronto como se termine el castigo, él regresará a sus viejos patrones. En el PHC, con la aplicación diaria, las consecuencias o continúan para siempre o terminan en el minuto en que él decide dejar de comportarse como un niño con TDA/TDAH (IA/AM).

Ahora usted tiene infinidad de herramientas para mejorar sus comportamientos tanto en casa como en la escuela. Espero que pronto tenga un niño feliz y bien portado. Sin embargo, aún tenemos más trabajo ante nosotros. En el siguiente capítulo, lidiaremos con el comportamiento agresivo y mentir, los dos comportamientos más tenaces a controlar: puede conseguirse, y aprenderemos a hacerlo. Y todavía no nos hemos enfrentado con la tendencia a retrasarse, y eso también se cubrirá.

CAPÍTULO 11

Identificando la agresión y la mentira

En ocasiones dos de los más tenaces comportamientos en los niños con TDA/TDAH (IA/AM) pueden ser la agresión y las mentiras. Afortunadamente, son relativamente poco frecuentes. Sólo un mínimo porcentaje de los niños con TDA/TDAH (IA/AM) se involucran regularmente en este Comportamiento-objetivo.

La agresión y las mentiras usualmente se desvanecen durante la implementación del PHC, y no es necesario tomar acciones adicionales. Sin embargo, estos comportamientos persisten porque ocurren con menos frecuencia que otros Comportamientos-objetivo, y por lo mismo existen menos oportunidades de trabajar en ellos. Mentir tiene un problema tradicional: a veces es muy difícil detectarlo.

Como los niños pequeños generalmente mientan mal, es más fácil identificar este problema cuando todavía son chicos; y por lo mismo entre más pronto se detecte este problema, más sencillo será corregirlo. En la medida en la que el niño va creciendo, se va tornando más hábil para mentir, y las probabilidades para detectar la mentira se volverán cada vez más limitadas.

Eliminación del refuerzo

Para tener más poder al enfrentarse con la agresión y las mentiras, agregué al PHC la técnica llamada Eliminación del Refuerzo. En psicología, se conoce como costo de respuesta, pero los padres parecen comprender mejor el término eliminación del refuerzo, o ER.

Ésta es una técnica relativamente sencilla de implementar. Simplemente haga una lista de por lo menos siete objetos o actividades que son muy importantes para su hijo o hija —una muñeca favorita, jugar con videojuegos, andar en bicicleta, acampar, pescar, cazar, CDs favoritos, ver su programa favorito de televisión, o utilizar el teléfono. En general, no estoy a favor de los refuerzos materiales en la educación de un niño, pero es apropiada una excepción cuando tratamos de controlar dos comportamientos aislados y difíciles. No incluya en la lista cosas que no sean prácticas, tales como leer, programas educativos de televisión, o libros. Recuerde incluir en la lista solamente artículos que son reforzadores, o importantes para su niño. Si los artículos no son importantes, el programa no funcionará.

Haga la lista con orden de prioridades, poniendo el artículo más importante como número uno y como siete el menos importante. Explique a su niño que si empieza ya sea a agredir o mentir, perderá el artículo siete por un periodo muy largo de tiempo. Si su niño practica los dos comportamientos, puede trabajar con ambos. Los periodos óptimos son de una semana para los niños de tres a cuatro años, un mes para los de cinco a siete años, y un año para los de ocho a once años. De hecho, he tenido un éxito considerable al utilizar esta misma técnica con los adolescentes que se empeñan en agredir y/o mentir.

Estos periodos de tiempo deben ser estrictos, ya que la agresión es peligrosa y mentir es difícil de detectar. Mantener esto en mente le ayudará a aplicar el programa.

Escriba las fechas de inicio y terminación. Si no lo hace, le aseguro que las olvidará.

Diga a su niña que si la atrapa utilizando un artículo que le haya retirado, lo perderá permanentemente. Si no es factible que lo pierda permanentemente, por ejemplo si se trata de algo como ver televisión o utilizar el teléfono, entonces una alternativa puede ser no permitirle estar en contacto con sus amigos por una o dos semanas.

La mayoría de los niños pondrán a prueba el sistema hasta llegar al artículo tres, antes de dejar la agresión o dejar de mentir. Unos cuantos desisten cuando sus padres les hablan sobre el programa. Puesto que ya han estado involucrados con el PHC, saben que su padre les habla en serio y que se va a sostener, así que la mera amenaza de este programa adicional es suficiente. En mi carrera, únicamente he tenido un niño que llegó hasta el artículo uno, antes de renunciar finalmente a la agresión. Podría diseñar disciplinas aún más severas, pero no he encontrado que sea necesario. Esto ha sido suficiente.

Asegúrese de explicar todo cuidadosamente a su niño antes de empezar. Hágalo que repita lo que entendió de las instrucciones. Aclare cualquier confusión y entonces empiece. No repita de nuevo las instrucciones; permita que las consecuencias le enseñen.

George

George, un caso típico de TDAH con la adición de agresión, tenía nueve años y se portaba mal, tanto en casa como en la escuela. El PHC controló todos sus Comportamientos-objetivo, excepto la agresión. Mientras originalmente hacia berrinches tres o cuatro veces por semana, se volvió agresivo sólo una vez por mes. Perdía el control salvajemente, golpeando, pateando, y mordiendo al que lo hiciera enojar, ya fuera un niño o un adulto.

Se hizo una lista que consistía en:

1. Usar sus patines.
2. Usar su patineta.
3. Jugar con sus trenes eléctricos.
4. Andar en su bicicleta.
5. Ver televisión en su cuarto.
6. Ir al cine.
7. Comer dulces.

Después de cinco periodos agresivos en un lapso de varios meses, su agresividad cesó completamente. Había perdido los artículos del 7 al 3, cada uno por un año. Finalmente, todos los Comportamientos-objetivo, y su agresión se controlaron totalmente.

Retrasarse

Muchos niños TDA/TDAH tienen tendencia a retrasarse, especialmente en las mañanas de escuela, simplemente porque odian ir a la escuela. Ya que el Tiempo Fuera no se puede aplicar consistentemente durante las prisas de la mañana, se requiere un simple cambio de procedimiento. Diga a su niño que debe estar listo a una hora determinada cada mañana, por ejemplo a las 7:25 a.m. Es su responsabilidad recordar la regla y estar listo a tiempo, ni un segundo más tarde. Si no lo hace, pasará dos horas en la silla de Tiempo Fuera inmediatamente después de que regrese de la escuela. Uno o dos días de esto, usualmente terminarán con este problema.

Controlar a un niño no es suficiente. Debemos cubrir aún más, y le pido que continúe leyendo. En el siguiente capítulo veremos la manera de ayudar a su niño a mejorar sus habilidades sociales.

CAPÍTULO 12

Llevarse bien:
desarrollar mejores habilidades sociales

Hasta este punto, hemos logrado dos metas importantes: hemos controlado todos los Comportamientos-objetivo, y su niño con TDA/TDAH (IA/AM) se comporta bien tanto en casa como en la escuela. Para la mayoría de los niños con los que he trabajado, estos logros son suficientes para ayudarles a llevarse mejor con la familia inmediata, sus profesores y los demás niños. Los profesores y los otros niños, generalmente, ya no se aterran cuando su niño entra al salón. En lugar de ser condenado al ostracismo, criticado y molestado, es recibido con cálidos saludos y sonrisas amistosas. Sin embargo, esto no necesariamente es verdad para todos los niños. Algunos niños necesitan ayuda adicional para aprender cómo llevarse mejor con los demás. En este capítulo, repasaremos algunas sugerencias en las que usted puede trabajar con su niño, para ayudarle a desarrollar mejores habilidades sociales.

La vida social del niño TDA/TDAH (IA/AM)

En general los niños TDA/TDAH (IA/AM) no son apreciados por los maestros ni por sus compañeros. Son considerados antipáticos y como resultado no son bien tratados. Otros niños se burlan de ellos y los provocan; dicen cosas para provocar una reacción del niño TDA/TDAH (IA/AM). Mientras más fuerte sea la reacción, los otros niños tendrán más armas para molestarlo todavía más. Este ciclo negativo puede continuar hasta que el niño TDA/TDAH (IA/AM) se vuelva agresivo. A causa de la frustración y la pérdida de todo control emocional, puede atacar violentamente. Tristemente, esto sólo confirma a los otros niños qué tan desadaptado es en realidad el niño TDA/TDAH (IA/AM), el cual a menudo deberá enfrentarse al hecho de no ser escogido para los equipos deportivos, o ser el último que los demás escogen. Es humillante, devastador y atemorizador que lo traten de esa manera.

El molestar y provocar ha aumentado hasta convertirse en una epidemia fuera de control en las escuelas. Los niños que se dedican a este comportamiento parecen ser expertos en descubrir las debilidades de los otros niños. Han afinado sus ataques hasta hacerlos tan agudos como el filo de una navaja de rasurar. Parece ser un patrón consistente que los niños que se involucran en los tiroteos escolares, tienen historias de haber sido rechazados y de haber sido los blancos de severas burlas y provocaciones. No estoy disculpando lo que hacen. Estoy señalando que profesores, directores, coordinadores y padres deben atender este problema activamente. Debemos empezar a enseñar a los niños a que no se involucren en burlas y provocaciones, y desarrollen una mayor sensibilidad hacia los sentimientos de los demás. Abusar de los otros, es una práctica que debe detenerse.

Los niños abusivos en las escuelas disfrutan tomando a sus compañeros con TDA/TDAH (IA/AM) como blanco de sus ataques, ya que saben que a estos nadie los aprecia. El abusivo obtiene poder sobre ellos hostigándolos. Algunas veces el abusivo puede llegar más lejos obligando al niño con TDA/TDAH (IA/AM) a hacer algo degradante, como arrodillarse para rendirle pleitesía o pedir perdón. Yo tuve a un niñito al que forzaron a lamer el zapato del abusivo. ¿Por qué el ser abusivo no está clasificado como enfermedad? ¿Puede alguna vez recuperarse un niño que ha sido tratado así?

La niña con TDA/TDAH (IA/AM) constantemente está sometida a recordatorios sutiles de que no es aceptada. Es posible que la maestra no sonría cuando la ve entrar; evita pedirle que responda a sus preguntas; incluso puede hablarle con sarcasmo y hasta llegar a mostrarle un total disgusto. Los actos sutiles de rechazo son terriblemente dolorosos. En general, los maestros no tienen la intención de comportarse en esa forma. Tal vez ni siquiera sean conscientes de sus reacciones automáticas. Es difícil ser amables con un niño que se porta odiosamente, que interrumpe la clase, y hace que el día de trabajo del profesor sea infeliz.

Usted, como padre, sin darse cuenta puede estar haciendo lo mismo que los profesores. No se sienta culpable; realmente es difícil no reaccionar. Sé que ama a su niño, pero apuesto a que hay momentos en que siente resentimiento hacia él. Espero que, ahora que ya ha visto un progreso considerable, sus sentimientos serán más positivos. Usted se siente mejor, su niño responde más positivamente, y probablemente también se siente mejor.

Hay varias formas en que usted puede enseñarle a su niño a mejorar todavía más. No todos los niños necesitan esta instrucción extra, pero algunos niños si necesitan un poco más de ayuda.

Qué hacer para ayudar a su niño a aprender nuevos comportamientos

No importa lo que haga, no trate de enseñar todas estas habilidades sociales a su niño en una sentada: es abrumador. Trabaje una habilidad a la vez. Enséñele a través de conversaciones tranquilas, y tal vez pueda hacer un juego de representación de papeles.

Al representar papeles, haga que su niña sea la maestra, o cualquier persona con la que ella esté teniendo problemas, y usted represente a la niña. Muéstrele el tipo de comportamiento que provoca disgustos. Esto se conoce como espejo. Haga que ella reaccione como lo haría la otra persona. Entonces inviertan los papeles y modelen la forma de manejarlo mejor.

Deje que su niña sea ella misma, y usted sea la maestra. Hable de lo que siente cuando ella se porta mal. Pídale que pruebe las nuevas formas de comportarse que vamos a mostrarle. Aliéntela a que las practique con usted como una preparación para que después pueda aplicarlas en el "mundo real".

Lección 1 —Usar el silencio

Los demás niños aprecian más a un niño callado que a uno escandaloso. En lugar de gritar "¡Escógeme!", enseñe a su niño a mantenerse en silencio. Es difícil hacerlo, pero después de un tiempo, su niño será mejor aceptado. Los demás niños buscarán al niño tranquilo y rehuirán a los escandalosos.

Lección 2 —No tratar de salirse con la suya con tanta insistencia

No ser mandón. Frecuentemente, el niño con TDA/TDAH (IA/AM) tratará de dominar o determinar las actividades de un grupo. Enseñe a su niño a hacer sugerencias en un tono normal y dejar que los otros decidan; después seguir la sugerencia con silencio. Enséñele que ser insistente y mandón aleja a los demás niños. Practique varias situaciones con su niño.

Lección 3 —Ser paciente

Toma tiempo para que los demás niños acepten a aquel niño a quien han rechazado previamente. Permita que el silencio y el no ser insistente empiece a funcionar para su niño. Si él está familiarizándose con un grupo nuevo, pasarán algunas semanas antes de que los demás niños lo acepten. Si el grupo actual de su niño lo ha rechazado, entonces tomará un tiempo revertir el proceso. Si su niño aprende a usar el silencio, la paciencia y dejar de ser insistente, gradualmente los demás empezarán a cambiar sus actitudes hacia él. Su niño debe hacerse el propósito de ser paciente. Recuerde que tomará semanas antes de que los otros niños cambien su conducta, así que hable diariamente con su niño acerca de sus progresos, y anímelo a ser paciente. He visto muchas veces cómo funciona para los niños con TDA/TDAH (IA/AM) este trabajo de revertir su comportamiento. Estar en silencio y no ser insistente, hace que su hijo deje de ser el blanco favorito para los ataques de los demás. En el curso normal de actividades diarias, los demás niños gradualmente lo dejarán jugar con ellos. Lentamente olvidarán al antiguo niño fastidioso y redescubrirán al nuevo chico agradable. Sorprendentemente, los demás niños detectarán que su niño realmente está tratando de ser amable, y frecuentemente aceptarán y reconocerán sus esfuerzos. Funciona, pero su niño necesitará que lo animen mucho para ser constante y permitir que el proceso se produzca gradualmente.

Lección 4 —No tratar de ser un sabelotodo en clase

El niño con TDA/TDAH (IA/AM) a menudo lanza sus respuestas en clase y, debido a su impaciencia, es posible que no comprenda la pregunta de la maestra y por lo tanto responda incorrectamente. Podría levantar su mano, diciendo "Yo, yo, yo" o "Maestra, maestra, maestra". Esto desconcierta tanto a la maestra como a los otros niños. Enseñe a su niño a moderarse al responder preguntas y aprender el arte de escuchar activamente. Haga que tome su tiempo para comprender cuidadosamente la pregunta que hace la maestra y asegurarse de que sabe la respuesta correcta antes de levantar la mano.

Deliberadamente he instruido a los niños con TDA/TDAH (IA/AM) para que no contesten preguntas, incluso si saben las respuestas. Al principio, esto podrá parecer bastante extraño. Pero la meta es mejorar las relaciones. Al controlar el responder a preguntas y levantar la mano, su niño puede dejar de atraer la atención en formas que lo hacen impopular y lo convierten en blanco de ataques. El controlarse y estar más calmado y "relajado" al responder a las preguntas en clase, ayuda a mejorar las relaciones. De nuevo, esto involucra un poco más de silencio y un poco menos de "tratar con insistencia". El tratar a toda costa de responder, e insistir se conoce como "esforzarse demasiado". Eso es exactamente lo que hace el niño con TDA/TDAH (IA/AM): se esfuerza demasiado. Grabe en su niño que "esforzarse demasiado" es lo que hace que otros niños no lo aprecien. Se esfuerza tanto en lograr ser apreciado, respetado y popular, que provoca la reacción contraria y es considerado molesto y desagradable. Más silencio, menos insistencia, y más paciencia en el salón de clases ayudará considerablemente a cambiar las actitudes de los demás hacia su niño.

Lección 5 —No perder los estribos

Éste es un mensaje crucial que hay que enseñar a su niño. Una buena regla es: "una vez que pierdas los estribos equivale a un mes de ser molestado". La emoción subyacente cuando su niña pierde los estribos es, usualmente, miedo. Las burlas y provocaciones de los otros niños provocan una liberación de adrenalina. El tener miedo de que otros niños la odien y la rechacen, le produce una respuesta de miedo que llamamos reacción de pelea o fuga. Cuando esto sucede y se produce la descarga de adrenalina, su niña empieza a perder el control emocional. La fuga frecuentemente se interpreta como ser cobarde, y su niña normalmente rechaza esta opción. La pelea entonces se interpreta, incorrectamente, como salvar el prestigio. En poco tiempo su niña puede empezar a gritar, amenazar y, tal vez, hasta golpear. Esto es precisamente lo que las burlas y provocaciones pretendían. Una vez que su niña pierde el control, se convierte en blanco del grupo. La provocación se hace peor. El genio de su niña empeora. La humillación aumenta. Las cicatrices empeoran. Explique a su niña este proceso completo, y coméntele que puede aprender una nueva forma de enfrentar las provocaciones.

Encuentro que es útil presentar a los niños con TDA/TDAH (IA/AM) una analogía. Les explico que cuando están en medio de una confrontación, pueden pensar en enfrentar a los otros niños como en el judo, en el que se utiliza la debilidad de la otra persona a su favor. Ayude a su niño a comprender que cuando un grupo lo está provocando, el líder está tratando de afirmar su importancia o superioridad ante el resto. Ésa es información útil. Una forma útil es que su niño se enfrente al líder del grupo y le pregunte: "¿Te hace sentir muy importante lastimar a alguien más? ¡Si te hace sentir tan importante, entonces sigue burlándote de mí!" Normalmente estas dos frases son suficientes para desinflar al cabecilla, y ése es el fin de la situación. Esto es difícil para un niño. Ensayarlo en casa ayuda a prepararlo por si se presenta la situación.

Diga a su niño que una pérdida de estribos equivale a un mes de provocaciones, y le servirá como un mensaje mental: debe mantener en sus pensamientos en primer lugar cuando se enfrente a una confrontación. Esto puede ayudarle a dominar sus reacciones. Además, pensar en esas dos frases le servirá como una herramienta útil para manejar esta estresante situación.

Lección 6 —Aprender a ser cordial

Podría sorprenderle que los niños con TDA/TDAH (IA/AM) frecuentemente son bastante tímidos. Su comportamiento escandaloso es en realidad una pantalla de humo para ocultar su temor al rechazo. En la superficie, parecen gregarios y controladores, pero debajo de esto les aterra el rechazo. De hecho han sido rechazados en tantas ocasiones, que cada incidente lo ha lastimado y le ha dejado cicatrices. Un largo historial de tal tratamiento conduce a la timidez.

Una vez que comprendemos que son tímidos, les podemos ayudar a compensar en formas más constructivas. El poder, el control y la dominación no son formas de ganar amigos. Ser cordiales y amistosos funciona considerablemente mejor. Algunas sugerencias simples pueden ayudar a su niño a hacer amigos.

a. Mira: Observe la capacidad de su niña para hacer contacto visual. Apuesto a que descubrirá que ella rara vez mira directamente a la persona con la que está hablando. Haga que practique verlo a los ojos cuando le está hablando. Enséñele que un buen contacto visual es importante cuando está hablando con alguien. Contiene un mensaje de que la otra persona es importante y de que ella está interesada en lo que la otra persona tiene que decir.

b. Pregunta: El tímido niño con TDA/TDAH (IA/AM) erróneamente cree que debe ser el que debe hablar todo el tiempo. Se esfuerza demasiado tratando de mantener una conversación con otro niño. El niño con TDA/TDAH (IA/AM) se siente muy presionado al actuar. Desafortunadamente, su parloteo no sólo no funciona bien, sino que produce el efecto opuesto y ahuyenta al otro niño. Diga a su niño que los otros niños no siempre quieren escuchar lo que él tiene que decir; en lugar de eso, quieren hablar de sí mismos y de lo que consideran importante. Esto proporciona armas para otra estrategia de judo. Enséñele que la forma más fácil de hacer amigos es hacer preguntas. No demasiadas; y no en forma rápida, como staccato. Algunas preguntas introductorias ayudarán a hacer que el otro niño empiece a hablar. Puede preguntar a un niño nuevo en la escuela: "¿De dónde vienes?", "¿sabes algo sobre esta escuela?", "¿cómo era tu escuela anterior?", "¿ya conoces a alguien?", "¿te gustan los deportes?", "¿qué te gusta hacer?"

Para restablecer las relaciones con los niños con los que su niño ha tenido problemas, ha de hacer preguntas como "¿Viste anoche el partido de los Mets?", "¿qué te pareció la tarea de matemáticas que nos dejaron ayer?" (De chica a chica): "Me gusta tu vestido —¿Puedo preguntarte en dónde lo conseguiste?" Cuando trabaje con su niño, pídale que sugiera ideas de las preguntas que podría hacer a los demás niños. Practique con él. Pronto aprenderá que una vez que consigue que el otro niño empiece a hablar, lo más difícil será lograr que deje de hablar. Una vez que se involucre, el otro niño probablemente acabará pensando que su niño es "bastante agradable, una vez que lo conoces".

Un pensamiento útil para que su niño lo tenga en mente, es: "Ellos no quieren escuchar lo que tienes que decir. Ellos quieren hablar casi todo el tiempo. Déjalos". Después de algunos éxitos, la confianza de su hijo aumentará.

c. Escucha: Lograr que el otro niño hable es una herramienta útil. Aprender a escuchar activamente puede proporcionarle otra herramienta a su niña. Si ella escucha intencionadamente, entonces surgirán más y más preguntas relacionadas con los intereses de la otra niña. Al hacer preguntas en una forma verdaderamente sincera, la otra niña seguirá y seguirá hablando, y mientras tanto estará pensando que simpática es su niña.

Hacer preguntas y escuchar cuidadosamente es mucho menos estresante para su niño, que esforzarse excesivamente en actuar para los demás niños, intentando a toda costa de ganárselos. Estas técnicas son más fáciles y productivas para su niña para ayudarle a satisfacer sus necesidades de afiliación.

d. Una sonrisa amable: Parecer contento cuando su niño ve una cara familiar ayuda, pero es importante no exagerar. Una suave sonrisa amable comunica un mensaje cálido y afectuoso.

Los niños con TDA/TDAH (IA/AM) exageran en casi todo. En lugar de mostrar un amable comportamiento amistoso, frecuentemente tratan de ser el payaso de la clase y normalmente no son muy graciosos. Frecuentemente se proyectan como groseros, burdos y fastidiosos. En vez de esto, aconséjeles que sean cordiales, tranquilos y amables. Sonreír, pero no ser un payaso.

Algunos niños tienen un excelente sentido del humor, y no es mi intención reprimir tan maravillosa habilidad. Observe a su niña y vea si su sentido del humor es efectivo o un fracaso. Si es efectivo, entonces ayúdele a aprender cuáles son los momentos y lugares apropiados para ser chistosa. El salón de clases no es apropiado ni oportuno. Payasear en clase es grosero, disruptivo y muy desagradable. Ayude a su niña a reorientar sus habilidades humorísticas para las fiestas y las reuniones. Pero la mayoría de los niños con TDA/TDAH IA/AM) no son graciosos. Sus intentos humorísticos sólo los convierten en blanco para la ira de los demás niños. Ayude a su niño a ser consciente de esto, calmarse y simplemente ofrecer una cálida sonrisa.

Lección 7 —No decirle al maestro

Con frecuencia aconsejamos erróneamente a nuestros hijos que cuando surjan problemas, no peleen, sino que le digan al maestro. Bueno, claro que es importante no pelear. Pero la mayoría de las situaciones no ameritan decirle al maestro. Hacer tal cosa tan solo conseguirá que el niño se gane una reputación de soplón y chismoso, y los demás niños lo rechazarán aún más. Debe aprender a manejar las interacciones sociales más difíciles con su inteligencia y habilidad. Algunas de las sugerencias en este capítulo son útiles, pero ciertamente no cubren todas las situaciones sociales. Al irse presentando cada dificultad social, su niño podrá ser capaz de generar soluciones saludables y aplicarlas en el momento del problema. Pero si no lo puede hacer, entonces trabaje con él en casa, pensando en algunas dificultades y practicando soluciones, y actuándolas. Si hacen esto repetidamente, al paso del tiempo su niño acumulará un repertorio de reacciones prácticas y saludables para numerosos encuentros difíciles. Aprenderá a pensar con los pies en la tierra, y que el hecho de correr continuamente con el maestro o cualquier otro adulto no transmite el mensaje de que "tú puedes resolver la mayoría de las dificultades por ti mismo".

Hay dos ocasiones en que avisar al maestro es la opción apropiada: primero, cuando su niño es víctima de agresión; y segundo, cuando ocurre algo peligroso —un niño está repartiendo pastillas, o un niño que trae una pistola.

En tales momentos, avisar a un adulto es un ejercicio de buen juicio. En otros, su niño sólo mejorará sus habilidades sociales y su confianza al resolver las situaciones difíciles por sí mismo.

Podríamos ver mucho más sobre el entrenamiento social; pero he intentado mantener este capítulo simple y corto para hacerle más fácil ayudar a su niño. Controlando sus comportamientos, mejorando su desempeño y conducta en la escuela, y con nuevas habilidades sociales que puede aprender, su niño con TDA/TDAH (IA/AM) deberá estar progresando. Sin embargo, debemos cubrir aún más. Sus comportamientos y los de su niño son determinados por sus creencias y las de él. En el siguiente capítulo cubriremos algunas de las creencias más fundamentales y cruciales que su niño debe tener: se llaman valores.

CAPÍTULO 13

Educación de valores

¿Por qué estamos experimentando una abrumadora escalada de alrededor de un 500 por ciento en el diagnóstico de TDA/TDAH (IA/AM) a partir de 1989? ¿Por qué hay tantos niños que no están poniendo atención en la escuela? ¿Por qué cada vez más y más niños se comportan mal en la escuela y en casa? ¿Por qué se niegan los niños a respetar a las figuras que representan autoridad y controlar su conducta cuando se les ordena? Como afirmé antes, en el capítulo 4, nuestros estresantes estilos de vida hacen que la vida sea muy confusa para los niños.

En el centro de su confusión se encuentra la ausencia de un sistema de valores. Thomas Moore (1992), afirma que "el alma necesita tener una visión particular del mundo y un esquema de valores particularmente elaborado". El Papa Juan Pablo II, en su libro *Cruzando el umbral de la esperanza*, afirma que "los jóvenes necesitan guías. Quieren que los corrijan y que se les diga sí y no". Necesitan un "sistema de ética".

Recuerde que en el capítulo 4 expuse lo que está sucediendo alrededor de nuestros niños. La familia extensa que ayudaba a inculcar fuertes valores fundamentales, frecuentemente se ha perdido. Nuestros apresurados estilos de vida no dejan tiempo a los padres para enseñar e inculcar a sus hijos un profundo sistema de valores. Los niños están expuestos a mensajes de los medios de comunicación que presentan valores que los confunden. Asociarse con otros niños desorientados, se agrega a su confusión de valores. Todas estas fuerzas evitan que los niños aprendan un sistema de valores sistemático, coherente y saludable. Hablamos sobre diversos cambios en el estilo de vida que podrían ayudar a nuestras familias y a nuestros niños; pero la estabilidad y la reducción del estrés son sólo medios parciales para alcanzar nuestra más importante meta: enseñar a nuestros niños unos valores sólidos, saludables, sustanciales y significativos.

En este capítulo, expondremos varios valores centrales que usted deseará que su niño aprenda. El niño que crea profundamente en la mayoría, si no en todos, de estos valores dejará de ser TDA/TDAH (IA/AM) o no será nunca TDA/TDAH (IA/AM), en primer lugar. Tenga en mente que son las creencias las que gobiernan nuestros comportamientos.

Valores a enseñar

Antes de hablar de los valores específicos, es esencial comprender que los adultos cargamos con el peso de una importante responsabilidad. Somos los modelos de comportamiento para nuestros hijos. Debemos vivir lo que enseñamos. Los niños son unos radares sensibles, y pueden detectar la hipocresía de inmediato. Recuerde esto: no haga lo que no quiere que descubran sus hijos. En los años sesenta, Al Bandura demostró repetidamente que el ejemplo es tal vez la mejor forma en que los niños aprenden. Lo que ellos observan en nosotros, sus modelos de comportamiento, es lo que ellos aprenden. El propósito del modelo de condicionamiento PHC no es meramente controlar los comportamientos de los niños con TDA/TDAH (IA/AM), sino controlarlos de manera que podamos captar su atención y enseñarles un sistema de valores.

Llamo educación de valores precisamente a eso: enseñar los valores.

Valorar la educación

Anteriormente, cubrimos por completo la importancia de valorar la educación e inculcar un amor por la lectura. (Sólo lo menciono aquí para mantener en contexto todos los valores importantes.) Tenga en mente que éstos son valores centrales tan esenciales como los que vamos a ver.

Amor

Para enseñar a los niños a amar, ellos deben ser amados. Necesitan mucho tiempo, atención y formación. El amor es el tema central del Nuevo Testamento. Mateo 22:34-40 nos enseña que amar a Dios y amarse unos a otros, son nuestras leyes más importantes. Si los niños aprenden a amar profundamente, entonces todo lo demás se dará: tratarán a su familia con amorosa-bondad, tratarán a otros niños con amorosa-bondad, y tratarán a los adultos con amorosa-bondad. Guiarlos en esa forma elimina los groseros e irrespetuosos comportamientos que son característicos del TDA/TDAH (IA/AM).

Esto podría sonar extraño viniendo de un psicólogo, pero no soy el único. En su libro *Enseñando valores a sus niños*, Linda y Richard Eyre también enfatizan que el amor es un valor fundamental. James Dobson, en *Atrévase a disciplinar*, afirma que los niños deben comportarse en formas amorosas. En su libro *Los siete hábitos de las familias altamente efectivas*, Stephen Covey expone la importancia de ayudar a los niños a sentir y expresar amor hacia sus familias y hacia los demás.

Si quiere que su niña cambie permanentemente sus patrones de comportamiento, entonces mantenga este valor presente en su educación de valores.

Paz y serenidad

El niño con TDA/TDAH (IA/AM) no está en paz. No ha aprendido a valorar la paz, la tranquilidad y la serenidad. Y esto no es un problema exclusivo de los niños TDA/TDAH (IA/AM) —nuestros niños son continuamente bombardeados y estimulados excesivamente. Cada día se sientan frente a la televisión de cinco a siete horas, juegan videojuegos y ponen sus CDs a todo volumen. Rara vez veo niños que salen a caminar tranquilamente o se sientan plácidamente bajo un árbol. ¿Escucha con frecuencia a su niño decir "estoy aburrido", dos minutos después de que sus amigos se han marchado de su casa? Enseñar a los niños TDA/TDAH (IA/AM) a disfrutar de la paz y la tranquilidad es muy importante. Si están tranquilos en su interior, no pasarán impacientemente de una actividad a la otra. No crearán caos a su paso.

Los Eyre llaman "apacibilidad" a este valor. Hacen énfasis en crear un ambiente pacífico en sus hogares, hablando suavemente y escuchando música suave. Yo añadiría: leer juntos, tomar paseos tranquilos, mimarse y tener conversaciones tranquilas a la hora de acostarse. Calme el mundo de su niño, y ayudará a calmar a su niño.

Ayude a su niño a atesorar los valores de paz y serenidad. Estas palabras se usan cientos de veces en la Biblia, indicando que hay un importante mensaje al que tenemos que prestar atención. Thomas Moore nos dice que simplifiquemos nuestras vidas para ayudar a hacer que las cosas sean más pacíficas. Éste no es un concepto nuevo; los filósofos nos lo han estado enseñando durante milenios. Aún leo el libro "Walden" de Thoreau algunas noches a la hora de ir a la cama, para calmarme después de un día difícil.

Observe que valorar la paz podría ayudar a su niño considerablemente, cuando practica las habilidades sociales que vimos en el capítulo anterior: silencio, no esforzarse demasiado, no ser demasiado insistente, no ser impaciente, no perder los estribos, no escuchar a medias.

Autodisciplina

Albert Ellis, nuestro moderno equivalente a Sigmund Freud, ha alterado dramáticamente la dirección de la psicoterapia durante los últimos treinta años. Los psicólogos solían creer que los pacientes con problemas emocionales y conductuales sólo necesitaban recostarse en un diván y hablar de sus problemas para mejorar. Ellis nos ha enseñado que esto no cambia nada. Él ha enseñado que se requiere de una considerable autodisciplina para controlar los comportamientos, pensamientos y creencias, para sentirse mejor. Considera que la terapia no es mágica, y meramente hablar con un terapeuta no mejora a la persona. El paciente debe ejercer un control deliberado y consciente sobre los patrones de pensamiento y conducta, si es que quiere sentirse bien alguna vez.

Esta misma regla se aplica a los niños con TDA/TDAH (IA/AM). Sufren en manos de otros y fracasan en la escuela, que es muy doloroso. Para detener el dolor, debemos ayudarles a adoptar el valor de la autodisciplina. Las cosas mejorarán para ellos si asumen la responsabilidad, y practican juiciosamente portarse mejor y trabajar duro en la escuela.

El PHC ayuda a controlarlos, y los cambios que produce traen refuerzos de los profesores, los compañeros y los padres. Para mantener estos maravillosos logros, los niños con TDA/TDAH (IA/AM) deben también asumir la responsabilidad por lo que sucederá en sus vidas. Solamente el autocontrol, la autodisciplina, el trabajo duro, y la práctica facilitarán la continuación de los mejores sentimientos que ahora están experimentando.

El PHC ayuda hasta que tienen como once años. Después de eso, un niño descubre su poder para controlar su entorno. Si utiliza su control para buenos propósitos, se beneficiará emocionalmente. Si culpa a los demás por sus problemas y pierde el control de sí mismo, el sufrimiento que experimentó como niño con TDA/TDAH (IA/AM) regresará. Ayúdele a comprender que es su opción es ser autodisciplinado o regresar a los fracasos y el dolor que sufrió por tanto tiempo. El valor de la autodisciplina es esencial para continuar viviendo exitosamente. Ahora nosotros controlamos su vida; más tarde él lo hará. Nuestro trabajo con él no estará terminado hasta que él haga la transición hacia una firme creencia en la autodisciplina.

Stephen Covey ha creado un interesante juego de palabras. Afirma que ser responsable significa ser capaz de responder, o, como él dice, "Elige cómo [quieres] ser".

Laura Schlessinger (1998), atribuye gran importancia a la autodisciplina y la responsabilidad. Afirma que el dolor emocional frecuente es merecido, ya que la gente elige portarse irresponsablemente. Ella pretende que si uno desea que se detenga el dolor, entonces uno debe empezar a comportarse responsablemente. Para mí, la niñez es el momento en que hay que empezar a entrenarse en autodisciplina y responsabilidad.

Metas futuras

Gran parte de mi práctica, enseñanza, escritos e investigación, se orienta a los adolescentes. Con demasiada frecuencia, conozco algunos que tiene muy pocos intereses, confusión de valores, y no se preocupan sobre lo que van a hacer con sus vidas. Si les aplico una prueba vocacional para ayudarles a decidir sus metas futuras, la gran mayoría de ellos no muestra inclinaciones, intereses, o valores, que coincidan con ninguna profesión. Las pruebas muestran que sólo se preocupan por estar con sus amigos, fumar cigarrillos y andar por ahí vagando. No tienen metas.

La influencia y la guía paterna en el desarrollo de una perspectiva orientada a tener metas, es un importante ingrediente en la formación de nuestros niños. Si un niño desarrolla objetivos importantes relacionados con la educación; aspiraciones de carrera y familia, entonces su comportamiento estará orientado a alcanzar tales objetivos. Pero los padres deben trabajar activamente para ayudar a sus niños a explorar y desarrollar lo que serán estas metas. Desafortunadamente, demasiados padres son pasivos. Asumen que la escuela se hará cargo de estos asuntos. La realidad es que estos valores deberían desarrollarse en la familia.

Encuentro que los niños con TDA/TDAH (IA/AM) tienen ideas pobremente desarrolladas sobre su futuro. Odian el trabajo escolar, y no comprenden por qué deben hacerlo. Si no hay dirección, propósito y sentido en la vida, no hay motivación para prestar atención, esforzarse y portarse bien. Deben existir razones para que ellos hagan estas cosas. En psicología esto es conocido como teoría de atribución, que significa que la gente debe tener buenas razones antes de estar dispuesta a involucrarse en determinados comportamientos. Si una niña ha desarrollado fuertes metas, tendrá razones subyacentes que la sostendrán durante los muchos años de trabajo arduo. necesarios para su educación. La orientación hacia metas proporciona motivación.

¿Quiere que su niño sea granjero, carpintero, ingeniero, profesor, mecánico o lo que sea? Entonces trabaje con él en cultivar estos intereses. Si un padre y un hijo trabajan uno al lado del otro reparando un auto, entonces están cultivando las metas e intereses del niño. Si una madre lleva ocasionalmente a su hija a su lugar de trabajo, le está ayudando a explorar intereses potenciales. Mi hija solía asistir a su madre, que es dentista, en su oficina. Esto ayudó a mi hija a decidir que no quería ser dentista. Pero, al igual que su madre, decidió llegar tan lejos en su educación como le fuera posible.

Cuando mis hijos y yo visitamos el Museo Americano de Historia Natural de Nueva York el año pasado, platicamos sobre las profesiones que eran necesarias para montar las exposiciones. Yo estaba ayudándoles a pensar en posibles metas y direcciones para sus vidas. Se requiere de esta paciente formación y esfuerzo deliberado para ayudarles a formular ideas aproximadas de lo que quieren hacer. No asuma que sucederá automáticamente. Ayude a que suceda.

Lo que vimos anteriormente sobre cómo lograr que la educación sea un valor importante, incorpora muchos de los pasos que también pueden ayudar a su niño a pensar en su futuro. Utilícelos como lineamientos para asumir un rol activo y enriquecedor con su niño.

Trabajo duro

Creo que el valor del trabajo duro está perdiendo importancia entre la juventud norteamericana. La ética de trabajo fue una creencia fundamental que ayudó a crear la grandeza de este país. Tristemente, cada vez se le da menos importancia. Cada año, un número cada vez mayor de mis estudiantes trabaja duro en no trabajar duro. Mis colegas profesores se quejan frecuentemente de la misma tendencia. Cada vez más, escucho excusas por no terminar los trabajos que encargué; veo miradas bajas durante una exposición, y sé que los estudiantes no prepararon la clase; recibo demasiados trabajos que reflejan muy poco esfuerzo en su preparación. La mayoría de mis pacientes adolescentes afirman llanamente que odian la escuela y odian el trabajo. Todo lo que les parece importante es hablar por teléfono y los chismes. Los niños con TDA/TDAH (IA/AM) pasan horas fingiendo una incapacidad para estudiar o hacer sus tareas. Suspiran y gruñen en un esfuerzo por convencer a sus padres de que no pueden hacer el trabajo. Frecuentemente tienen éxito en manipular al padre para que realice la organización, resolución de problemas, concentración profunda y trabajo arduo requerido para terminar un trabajo. Si tienen éxito en hacer que trabaje el padre, y casi siempre es así, entonces su único esfuerzo consiste en copiar lo que dicta el padre. Han invertido tan poco esfuerzo mental como les fue posible, y se salen con la suya. Sólo el padre acaba aprendiendo el material.

Para lograr las metas futuras, son esenciales dos ingredientes —talento y trabajo duro. La mayoría de los niños con TDA/TDAH (IA/AM) tienen el talento, pero se niegan a llevar a cabo el trabajo duro. Enseño a los niños que el trabajo duro es esencial para la felicidad personal. Éste es un tema recurrente en psicología, filosofía y teología. Cuando uno se concentra en su trabajo, entonces no puede concentrarse en cosas que son problemáticas. Albert Ellis enfatiza que la "ocupación industriosa" es un ingrediente esencial para el bienestar mental. Afirma que es una forma de mantenerse alejado de los pensamientos neuróticos.

Las metas para el futuro no se pueden alcanzar sin trabajo duro. Yo discuto frecuentemente con mis pacientes con TDA/TDAH (IA/AM) mayores de ocho años el concepto de "¡Podría haber sido!" Comparto con ellos muchas historias de adultos que vinieron a verme lamentando que no habían triunfado en la vida. Habían elegido un camino más fácil en lugar de trabajar duro; en consecuencia, pasaron el resto de sus vidas afanándose en trabajos que odiaban. Suspiran por la carrera que hubieran deseado seguir. Sienten que tienen un talento que nunca desarrollaron. Les digo a los niños que uno de los mayores secretos para una vida feliz, es pasar el día de trabajo haciendo lo que más nos gusta y tratando de hacerlo mejor que nadie.

Hace muchos años yo era capaz de pasar un día completo en la Universidad de Fairfield observando al viejo equipo de fútbol de los Gigantes de Nueva York en el campo de entrenamiento. Hasta tenía conversaciones eventuales con algunos jugadores, y aprendí una lección muy importante. Los más grandes nombres en el deporte de esa época eran Frank Gifford, Y. A. Tittle y Hugh McElhenny, y no eran grandes por casualidad. Si el equipo tenía que hacer cincuenta lagartijas, ellos hacían doscientas. Si el equipo tenía que correr una milla alrededor de la pista, ellos corrían cinco. Cuando el equipo dejaba el campo de entrenamiento, ellos se quedaban y continuaban practicando. Ellos no sólo tenían el talento sino también tenían el empuje y la disposición para trabajar duro en lograr ser lo mejor que pudiesen ser. Éste es un secreto mágico que desearía que más niños pudiesen aprender.

Frecuentemente pregunto a los niños con TDA/TDAH (IA/AM) cómo se sienten cuando tienen enfrente un examen y no han estudiado. ¿Cómo se sienten al recibir repetidamente exámenes y tareas con calificaciones de reprobado? La única forma de detener estos dolorosos sentimientos, es decidir hacer el trabajo con todo su corazón y su energía. Una vez que prueban este nuevo enfoque, muchos de ellos me dicen lo maravilloso que se sienten cuando de hecho empiezan a recibir mejores calificaciones. Reportan que se sienten mucho mejor cuando atacan su trabajo con mayor vigor en lugar de evitarlo.

Durante una ceremonia de promoción en la escuela de karate de mis hijos, el instructor les dijo: "Pongan atención a lo bien que se sienten hoy. Recuerden el trabajo duro que invirtieron para poder llegar a este día. Aprendan que eso es lo que se requerirá para tener estos sentimientos en todas las cosas que hagan". Muchos de los niños escucharon con interés.

Hay muchos valores importantes de los que podríamos hablar, tales como honestidad e integridad, pero los que hemos visto en este capítulo fueron elegidos como los más relevantes para ayudar a un niño a reducir los hábitos TDA/TDAH (IA/AM).

En el siguiente y último capítulo, repasaremos los cambios de vida sugeridos en este libro que hacen que el PHC tenga éxito. Deseo resumirle los elementos esenciales en los que debe concentrarse para poder mantener los éxitos que ahora está viendo en su hijo que fue TDA/TDAH (IA/AM).

MERCY FAMILY HEALTH CENTER AT LOWER WEST
1713 S. ASHLAND AVE, CHICAGO, IL. 60608
PHONE 312.746.4025 / FAX 312.746.5157

NAME / NOMBRE	CHART/MRN	DATE OF APPOINTMENT HORARIO DE CITA	DOCTOR
Martinez Veronica		Junio 16 @ 1:00	Sriso

PLEASE BRING THE FOLLOWING ON YOUR APPOINTMENT.
POR FAVOR DE TRAER LA SIGUIENTE INFORMACION EL DIA DE SU CITA:

@ 2:00

Cristina

PLEASE BRING THE FOLLOWING INFORMATION ON THE DATE OF APPOINTMENT / EL DIA DE SU CITA FAVOR DE TRAER LA SIGUIENTE INFORMACION:

➤ ID / UNA IDENTIFICACION
➤ MEDICATIONS / MEDICAMENTOS
➤ CO-PAYMENT / EL CO-PAGO $ _____

PRUEBA DE SEGURO MEDICO:

➤ MEDICAID / TARJETA MEDICA / COUNTY CARE
➤ MEDICARE
➤ BLUE CROSS BLUE SHIELD

PLEASE ARRIVE 15-30 MINUTES BEFORE YOUR APPOINTMENT. POR FAVOR DE LLEGAR 15-30 MINUTOS ANTES DE SU CITA.

CAPÍTULO 14

Repaso de los principales cambios que propone el Programa de Habilidades para Cuidadores

Este capítulo repasa las principales características del PHC, las cuales producen cambios sustanciales en los niños con TDA/TDAH (IA/AM) sin requerir apoyo de una medicación con estimulantes o anfetaminas. Considere esto como una lista de control para ayudarle a implementar todos los aspectos importantes del programa.

Su lista de control para el CPS

Palomee las cajas a la izquierda de cada punto para asegurarse de que está cubriendo los elementos esenciales del PHC.

1. Trate a su niño como un niño normal y no como enfermo. Si asume que él o ella está enfermo, hará todas las cosas equivocadas que recomiendan otros programas. Recuerde, estos programas no consiguen buenos resultados. Además, su niño estará convencido de que tiene una enfermedad y creerá que tiene una incapacidad y será un inválido mental por el resto de su vida. Esto es basura. El título de TDA/TDAH (IA/AM) sólo es una etiqueta que desaparecerá para siempre si usted le ayuda a cambiar.
2. Su hijo no debería estar tomando ningún medicamento, incluyendo estimulantes, tranquilizantes y antidepresivos. Recuerde, éstos son peligrosos para la salud de su niño y, debido a que embotan los comportamientos de su niño, reducirán la presencia de comportamientos que

son esenciales para reentrenar a su niño. Si los comportamientos no se presentan, no podemos ayudarles a aprender nuevos hábitos.

3. Suspenda el uso excesivo de coacción, recordatorios, pautas, ayuda, súplicas y advertencias. Éstas prácticas se centran en preceder los eventos, como lo recomiendan otros enfoques populares, y contribuir a hacer a su niño indefenso y dependiente.

4. Controle las consecuencias de los comportamientos de su niño. Haga que recuerde lo que sucederá si se controla a sí mismo, esto es, el refuerzo, o si no se controla a sí mismo, que será la disciplina.

5. El PHC requiere que usted se vuelva súper activo en la práctica de reforzar conductas. El elogio activo es la clave para el éxito. Este programa requiere que usted se "arremangue" y trabaje duro si quiere que su niño cambie, sea feliz y se mantenga alejado de las drogas.

6. Trabaje en todos los Comportamientos-objetivo. Ir a fondo, abarcar todo y controlar todos los Comportamientos-objetivo, es una parte crucial del PHC.

7. No pegue las reglas en la pared. Un elemento importante del PHC es hacer que su niño piense activamente. Todos los recordatorios y coacciones de los otros programas mantienen a su niño dependiente e indefenso. Es importante eliminar el componente cognitivo de No Pensar del TDA/TDAH (IA/AM).

8. No utilice un Programa de Economía de Fichas. Es una forma artificial e inapropiada para educar a un niño. Las reglas pegadas en la pared y la presencia física de fichas, contribuyen a la dependencia cognitiva.

9. No utilice refuerzos materiales. Éstos sólo sirven para enseñar a su niño el falso valor de recibir un pago por comportamientos, con los que debería estar comprometido como parte del curso normal de sus interacciones familiares. Las únicas excepciones a esta regla son para la agresión y las mentiras, que pueden ser más difíciles de controlar en los niños TDA/TDAH (IA/AM).

10. No permita los Comportamientos-objetivo de prueba, preparatorios o anticipatorios. No permita ni un ápice de un mal comportamiento. En otras palabras, no permita que su niño lo ponga a prueba. Un requisito tan estricto obliga a su niña a estar más atenta a sus comportamientos y recordar lo que debe hacer en todos los momentos y en todos los ambientes. Este requisito ayuda a eliminar el hábito de No Pensar del niño con TDA/TDAH (IA/AM).

11. Controle todos los Comportamientos-objetivo en casa antes de iniciar una intervención en la escuela. Establézcase como el que manda. Recuerde que en más del 80 por ciento de los casos, el comportamiento escolar mejora automáticamente. Éste es un porcentaje mucho mayor que con cualquier otro programa, ya que la niña con TDA/TDAH (IA/AM) aprende que usted es el jefe, usted habla en serio y ella tendrá que pagar las consecuencias impuestas por usted, si continúa sin poner atención y portándose mal en la escuela.

12. No permita que su niño sea asignado a grupos más pequeños de "necesidades especiales". Es normal y debería estar con los niños normales. La mayor atención individual en los grupos más pequeños sólo aumenta la dependencia cognitiva del niño con TDA/TDAH (IA/AM).

13. No se siente con su niña mientras está haciendo la tarea. La supervisión refuerza la Dependencia de Metas, Cognitivo/Conductual y Emocional. Ella puede hacer su tarea y, con la imposición de contingencias, la terminará. Sólo sirva como un apoyo para cosas que aparentemente sean demasiado difíciles para que su niña las resuelva por sí misma.

14. No aconseje o recuerde a su niño cómo debe comportarse cuando van a entrar a un lugar público o a cualquier otro ambiente. Esto sólo refuerza el "no pensar" y la Dependencia Cognitivo/Conductual.

Procedimientos correctos para el Tiempo Fuera

15. No haga advertencias ni cuente "1-2-3 Tiempo Fuera" antes de enviar a su niño a Tiempo Fuera. Hacerlo sólo contribuye a la Dependencia Cognitivo/Conductual. Su niño sólo aprenderá a hacer caso, en lugar de aprender a tener una vigilancia activa de su comportamiento. Además, esta interacción prolongada refuerza el Comportamiento-objetivo.

16. No negocie o se retracte una vez que ha dado la orden "Ve a Tiempo Fuera". Si lo hace, enseñará a su niña a ponerlo a prueba constantemente. Ella aprenderá que puede poner a prueba sus límites y forzarlos tanto como se pueda.

17. Mantenga en un mínimo absoluto todas las interacciones previas al Tiempo Fuera. Cualquier discusión o argumento refuerza el Comportamiento-objetivo que está sucediendo en el momento. "Ve a Tiempo Fuera" debe ser suficiente.

18. Exija que ella vaya de inmediato a Tiempo Fuera o deberá recibir una nalgada. Usted es el que manda.

19. Después del Tiempo Fuera, insista en que su niño le diga lo que hizo mal. Esto hace necesaria su vigilancia activa, atención y memoria, una de las principales metas al trabajar con el niño TDA/TDAH (IA/AM). Si no puede recordar, debe regresar.

20. Envíelo de regreso al Tiempo Fuera si se comporta mal en el camino. Usted es quien manda y los comportamientos típicos de poner a prueba del TDA/TDAH (IA/AM) no deben permitirse.

21. Pida a su niña que ejecute el comportamiento correcto después de que le haya dicho qué fue lo que hizo mal. De nuevo, establézcase como el que manda.

22. Utilice el Tiempo Fuera en todos los ambientes. Recuerde que cuando su niño TDA/TDAH (IA/AM) aprende a comportarse correctamente en todas partes, usted se sentirá en libertad para llevarlo a más lugares con usted. Ustedes pueden disfrutar más la compañía de otros y divertirse más juntos.

23. Enseñe a su niño a valorar la educación y a amar la lectura. Aprender estos valores temprano, es esencial en la vida de su niño. O su falta de interés en la escuela y su falta de disposición para controlar sus comportamientos regresará.

24. Enseñe a su niño un sistema saludable y fuerte de valores.

25. Dele mucho, mucho amor a su niño.

Mi reflexión final

Está mal meter anfetaminas en los cuerpos de nuestros niños. Sin embargo, puedo comprender la frustración de padres, maestros y doctores, y las razones para utilizarlas. Este libro y el "Programa de Habilidades para Cuidadores", proporcionan una verdadera y efectiva alternativa por primera vez. Rezo con todo mi corazón para que este libro de como resultado un disminución dramática en la prescripción del Ritalín y otros medicamentos controladores de la mente de los niños. Rezo para que otros psicólogos y psiquiatras se comprometan en una investigación más profunda, relacionada con las técnicas que presento aquí, para hacerlas más efectivas y reducir la dependencia de los medicamentos. Rezo para que los médicos receten este libro como primera opción de tratamiento, en lugar de medicamentos. Rezo para que este libro ofrezca a los padres la alternativa que han estado buscando y que ellos puedan tener un niño más sano y feliz. Que Dios bendiga a nuestros niños.

Referencias bibliográficas

Amen, K. G., J. H. Paldi, y R. A. Thisted. 1993. "Brain SPECT Imaging". *Journal of the American Academy of Child and Adolescent Psychiatry 32:* 1080-1081.

American Psychiatric Association (APA). 1968. *Diagnostic and statistical manual of mental disorders.* 2a. ed. Washington, E. C.: APA.

———1980. *Diagnostic and statistical manual of mental disorders.* 2a. ed. Washington, E. C.: APA.

———1994. *Diagnostic and statistical manual of mental disorders.* 2a. ed. Washington, E. C.: APA.

Arnold, L. E., K. Kleykamp, N. Votolato y R. A. Gibson. 1994. "Potential link between dietary intake of fatty acids and behavior: Pilot exploration of serum lipids in attention deficit hyperactivity disorder". *Journal of Child and Adolescent Psychopharmacology 4:* 171-182.

Auci, D. L. 1997. "Methylphenidate and the immune system". *Journal of the American Academy of Child and Adolescent Psychiatry 36:* 1015-1016.

Baldessarini, R. J. 1985. *Chemotherapy in psychiatry: Principles and practice.* Cambridge, Mass.: Harvard University Press.

Bandura, A. 1981. "In search of pure unidirectional determinants". *Behavior Therapy 12:* 30-40.

——— 1986. *Social foundations of thought and action: a social cognitive theory.* Englewood Cliffs, N. J.: Prentice-Hall.

Barkley, R. A. 1981. *Hyperactive children: A handbook for diagnosis and treatment.* New York: Guilford press.

191

Barkley, R. A. 1991. "Attention deficit hyperactivity disorder". *Psychiatric Annals 21:* 725-733.

———— 1995. *Taking charge of* ADHD: *The complete authoritative guide for parents.* Boys Town, Neb.: Boys Town Press.

Barkley, R. A., y C. E. Cunningham. 1978. "Do stimulant drugs improve the academic performance of hyperkinetic children?" *Clinical Pediatrics 17:* 85-92.

Baughman, F. 2000. *Comunicación personal.*

Berkow, R. Ed. 1997. *The Merck manual of medical information.* Whitehouse Station, N. J.: Merck and Co.

Bradley, C. 1937. "The behavior of children receiving Benzedrine". *American Journal of Psychiatry 94:* 577-585.

Brasfield, W. 1999. Taller presentado por la Asociación Psicológica de Virginia, Octubre de 1999.

Breggin, P. R. *Toxic psychiatry.* New York: Saint Martin's Press.

———— 1998. *Talking back to Ritalin: What doctors aren't telling you about stimulants for children.* Monroe, Maine: Common Coverage Press.

Brown, W. A. y B. W. Williams. 1976. "Methylphenidate increases serum growth hormone concentrations". *Journal of Clinical Endocrinology 43:* 937-938.

Castellanos, F. X., J. N. Giedd, P. Eckburg, W. L. Marsh *et al.*, 1994. "Quantitative morphology of the caudate nucleus in attention deficit hyperactivity disorder". *American Journal of Psychiatry 151:* 1791-1796.

Comings, D. E., B. G. Comings, D. Muhleman, G. Dietz, B. Shahbahrami, D. Tast, E. Knell, B. Kocsis, R. Baumgarten, B. W. Kovacs, D. C. Levy, M. Smith, R. L. Borison, D. D. Evans, D. N. Klein, J. MacMurray, J. M. Tosk, J. Sverd, R. Gysin y S. D. Flanagon. 1991. "The dopamine D2 receptor locus as a modifying gene in neuropsychiatric disorders". *Journal of the American Medical Association 266:* 1793-1880.

Cook, E. H. Jr., M. A. Stein, B. L. Leventhal. 1997. "Family based association of attention-deficit/hyperactivity disorder and dopamine transporter". En *Handbook of psychiatric genetics,* ed. K. Blum y E. P. Noble, 297-310. Boca Raton, Fla.: CRC Press.

Davison, G. C. y J. M. Neale. 1978. *Abnormal psychology: An experimental clinical approach.* New York: John Wiley & Sons.

————1994. *Abnormal psychology.* 6a. ed. New York: John Wiley & Sons.

DeGrandpre, R. J. 1999. *Ritalin Nation: Rapid-fire Culture and the Transformation of Human Consciousness.* New York: W. W. Norton.

Dulcan, M. 1994. "Treatment of children and adolescents". En *The American Psychiatric Press textbook of psychiatry*. 2a. ed., ed. R. Hales, S. Yudofsky y J. Talbott, 1207-1250. Washington, D. C.: APA.

Ebaugh, F. G. 1923. "Neuropsychiatric sequelae of acute epidemic Encephalitis in children". *American Journal of Disease in Children 25:* 89-97.

Geringer-Woititz, J. 1983. *Adult children of alcoholics*. Deerfield Beach, Fla.: Health Communications.

Gibson, W. 1957. *The miracle worker: A play for television*. New York: Knots.

Giedd, J. N., F. X. Castellanos, B. J. Casey, P. Kozuch *et al*. 1994. "Quantitative morphology of the corpus callosum in attention deficit hyperactivity disorder". *American Journal of Psychiatry 151:* 665-669.

Greenblatt, J. M., L. C. Huffman y A. L. Reiss. 1994. "Folic acid in neurodevelopment and child psychiatry". *Progress in NeuroPsychopharmacology and Biological Psychiatry 18:* 647-660.

Greenspoon, J. 1955. "The reinforcing effect of two spoken sounds on the frequency of two responses". *American Journal of Psychology 68:* 409-416.

Hallowell, E. M. y J. J. Ratey. 1994. *Driven to distraction: Recognizing and coping with attention deficit disorder from childhood through adulthood*. New York: Pantheon Books.

Heilman, K. M. , K. K. Voeller y S. E. Nadeau. 1991. "A possible pathophysiologic substrate of attention deficit hyperactivity disorder". *Journal of Child Neurology 6:* S76-S81.

Hunter, D. 1995. *The Ritalin free child: Managing hyperactivity and attention deficits without drugs*. Fort Lauderdale, Fla.: Consumer Press.

Jacobovitz, D., L. A. Stroufe, M. Stewart y N. Leffert. 1990. "Treatment of attentional and hyperactivity problems in children with sympathomimetic drugs: A comprehensive review". *Journal of the American Academy of Child and Adolescent Psychiatry 129:* 667-688.

Joyce, P. R., R. A. Donald, M. Nicholls, J. H. Livesay y R. M. Abbott. 1986. "Endocrine and behavior responses to methylphenidate in normal subjects". *Life Successes 34:* 1701-1711.

Kendall, P. C. 1996. "Cognitive therapy with children". Presentación de un taller realizado en Richmond, Va.

Lahat, E., E. Avital, J. Barr, M. Berkovitch *et al*. 1995. "BAEP studies in children with attention deficit disorder". *Developmental Medicine and Child Neurology 37:* 119-123.

LaHaze, S. 1998. En una comunicación personal.

Levy, F. 1989. "CNS stimulant controversies". *Australian and New Zealand Journal of Psychiatry 23:* 497-502.

———— 1991. "The dopamine theory of attention deficit hyperactivity disorder". *Australian and New Zealand Journal of Psychiatry 25:* 277-283.

Lovaas, O. I. 1987. "Behavioral treatment and normal educational/intellectual functioning in young autistic children". *Journal of Consulting and Clinical Psychology 55:* 3-9.

Mannuzza, S., R. G. Klein, A. Bessler, P. Malloy y M. LaPadula. 1993. "Adult outcome of hyperactive boys". *Archives of General Psychiatry 50:* 565-576.

Mates, J. A. y R. Gittelman. 1983. "Growth of hyperactive children on maintenance regimen of methylphenidate". *Archives of General Psychology 40:* 317-321.

Maxmen, J. S. y N. G. Ward. 1993. *Psychotropic drugs fast facts.* 2a. ed. New York: W. W. Norton.

Mayberg, H. 1998. *Today.* New York: National Broadcasting Corporation, Mayo 7.

Millerger, S., J. Biederman, S. V. Faralone, L. Chen y J. Jones. 1997. "ADHD is associated with early initiation of cigarette smoking in children and adolescents". *Journal of the American Academy of Child and Adolescent Psychiatry 26:* 37-44.

Mischel, W. 1968. *Personality and assessment.* New York: John Wiley & Sons.

Moore, Thomas. 1992. "Care of the soul". New York: Harper-Collins.

Murphy, D. A., W. W. Pelham y A. R. Lang. 1992. "Aggression in boys with attention deficit hyperactivity disorder: Methylphenidate effects on naturally ocurring aggression response to provocation, and social information processing". *Journal of Abnormal Child Psychology 20:* 451-465.

Nasrallah, H. *et al.* 1986. "Cortical atrophy in young adults with a history of hyperactivity in childhood". *Psychiatry Research 17:* 241-246.

National Institutes of Health (NIH). 1998. *ADHD consensus conference.* Bethesda, Md.: NIH.

Odell, J. D., R. P. Warren, W. L. Warren, R. A. Burger y A. Maciulis. 1997. "Association of genes within the major histocompatibility complex with attention deficit hyperactivity disorder". *Neuropsychobiology 35 (4):* 181-186.

Parker, H. 1994. *The ADD hyperactivity workbook for parents, teachers, and kids.* Plantation, Fla.: Specialty Press.

Phelan, T. 1984a. *All about attention deficit disorder.* Glen Ellyn, Ill.: Child Management.

———— 1984b. *All about attention deficit disorder.* Glen Ellyn, Ill.: Child Management. (Video.)

———— 1984c. *1-2-3 magic! Training your preschoolers and preteens to do what you want.* Glen Ellyn, Ill.: Child Management.

———— 1984d. *1-2-3 magic! Training your preschoolers and preteens to do what you want.* Glen Ellyn, Ill.: Child Management. (Video.)

Physicians' Desk Reference. 1997. Oradell, N. J.: *Medical Economics Co.*

Pizzi, W. J., E. C. Rode y J. E. Barnhart. 1986. "Methylphenidate and growth: Demonstration of a growth impairment and a growth-rebound phenomenon". *Developmental Pharmacology and Therapeutics 9:* 361-368.

Rao, J. K., J. R. Julius, T. J. Blethen y T. J. Breen. 1997. *Idiopathic growth hormone deficiency and attention deficit disorder (ADD): Effect of methylphenidate and pemoline on GH therapy.* The National Cooperative Growth Study Results.

Samango-Sprouse, C. 1999. "Frontal lobe development in childhood". En *The human frontal lobes: Functions and disorders. The science and practice of neuropsychology series,* ed. B. L. Miller y J. L. Cummings, 584-603. New York: Guilford Press.

Schlessinger, L. 1998. *The Dr. Laura radio show.* Richmond, Va.: WRIC Broadcasting.

Sedvall, G. 1997. "The current status of PET scanning with respect to schizophrenia". *Neuropsychopharmacology 7 (1):* 41-54.

Seligman, Linda. 1994. *DSM-IV: Diagnosis and treatment planing.* Virginia: American Counseling Association. (Audio.)

Shaywitz, B. A., S. E. Shaywitz, T. Byrne, D. J. Cohen y S. Rothnian. 1983. "Attention deficit disorder: Quantitative analysis of CT". *Neurology 33:* 1500-1503.

Skinner, B. F. 1971. *Beyond freedom and dignity.* New York: Bantam.

Stein, D. B. 1998. Presentación a los medios realizada en la convención de la American Psychological Association en San Francisco, California.

———— 1999. *Ritalin is not the answer: A drug-free, practical program for children diagnosed with ADD or ADHD.* San Francisco, California: Josey-Bass Publishers.

Stein, D. B. y S. Baldwin. 2000. "Toward an operational definition of disease, in psychology and psychiatry: Implications for diagnosis and treatment". *International Journal of Risk and Safety in Medicine,* August.

Steiner, C. M. 1974. *Scripts people live*. New York: Grove Press.

Still, G. F. 1902. "The Coulstonian lectures on some abnormal physical conditions in children". *Lancet 1:* 1008-1082.

Strauss, A. y L. W. Lehtiner. 1947. "Psychopathology and education of the brain impaired child". *Lancet 1:* 1008-1082.

Swanson, J. M., K. McBurnett, T. Wigal, L. J. Pfiffner *et al.* 1993. "Effect of stimulant medication on children with ADD: A review of reviews". *Exceptional Children 60:* 154-161.

Swanson, J. 1998. *The biological basis of ADHD*. Ponencia presentada en la Conferencia Nacional para Consenso sobre el TDAH de National Institutes of Health, Bethesda, Md.

Thoreau, H. D. 1854. *Walden: Life in the woods*. Boston: Tichnor & Fields.

Valenstein, E. 1998. *Blaming the brain: The truth about drugs and mental health*. New York: Free Press.

Webster-Stratton, C. 1990. "Enhancing the effectiveness of self-administered videotape parent training for families with conduct-problem children". *Journal of Abnormal Child Psychology 18:* 479-492.

Weiner, I. B. 1982. *Child and adolescent psychopathology*. New York: John Wiley & Sons.

Witters, W., P. Venturelli y G. Hanson. 1992. *Drugs and society*. 3a. ed. Boston: Jones & Bartlett.

Wright, J. W. 1997. *Do we really need Ritalin?: A family guide to attention deficit hyperactivity disorder (ADHD)*. New York: Avon Books.

Yudofsky, S. C., R. E. Hales y T. Ferguson. 1991. *What you need to know about psychiatric drugs*. New York: Ballantine.

Zametkin, A. J., T. Nordahl, M. Gross, A. C. King, W. C. Semple, J. Rumsey, S. Hamburger y R. M. Cohen. 1993a. "Cerebral glucose metabolism in adults with hyperactivity of childhood onset". *New England Journal of Medicine 323:* 1361-1366.

Zametkin, A. J., L. L. Liebenauer, G. A. Fitzgerald y A. C. King. 1993b. "Brain metabolism in teenagers with attention deficit hyperactivity disorder". *Archives of General Psychiatry 50:* 330-340.

Zimbardo, P. G. 1997. *Shyness, what it is, what to do about it*. Reading, Maine: Addison-Wesley.

Zimbardo, P. G. y S. Radl. 1981. *The shy child*. New York: McGraw-Hill.

Sobre el autor

El Dr. David B. Stein es profesor de Psicología en el Longwood College, una institución estatal de educación media superior, en el centro del estado de Virginia; y tiene una extensa lista de publicaciones de investigaciones y presentaciones profesionales. Sus libros incluyen: "Ritalin is not the answer: A Drug-Free, Practical Program for Children Diagnosed with ADD and ADHD" y "Controlling the Difficult Adolescent: The REST Program (Real Economy Program for Teens)". Su libro de trabajo para ayudar a padres con niños TDA/TDAH pronto estará en las librerías.

Afectuosamente llamado Dr. Dave, ha recibido numerosos reconocimientos y premios por sus veinticinco años de trabajo dedicado a ofrecer un tratamiento libre de drogas y alternativas de crianza para los niños y adolescentes difíciles y fuera de control. Por años ha estado en la lista de "Quién es quién entre los maestros americanos", por muchos años; es un diplomado, el más alto rango clínico en medicina y psicología; recibió el premio al "Más Destacado Profesor y Académico del año 2000" en Longwood; y su investigación sobre el tratamiento de TDA/TDAH fue seleccionada como una de las mejores diez, por la prensa que cubrió la convención de la Asociación Psicológica Americana en 1997. Su libro "Ritalin is not the answer" fue recomendado como lectura obligatoria para todos los padres, educadores y doctores en la Reunión de Litigación sobre Ritalín en 2001 en Nueva York. Desde que su trabajo se incluyó en el reciente texto "Advances in Medicine", cada vez más pediatras y médicos familiares han estado recetando sus libros como una alternativa a las drogas, y han reportado excelentes resultados. Su papel más importante, dice él, es "ser el papá de tres maravillosos niños".

El Dr. Stein recientemente se convirtió en miembro del equipo John Rosemond's Affirmative Parenting, dirigido por este columnista y escritor nacional. Ahora contesta las preguntas de los lectores a través de la página de Internet Affirmative Parenting Web Site, www.rosemond.com, y participará como colaborador en la nueva revista de John, Traditional Parent. Es un conferencista muy solicitado.

Se puede solicitar información relacionada con él, su calendario de conferencias, y cómo conseguir que dicte conferencias, comunicándose con Willie Rosemond al teléfono 704-864-1012(ext. 12), o escribiendo a whrosemond@aol.com.

Mi hijo se distrae en la escuela, de David B. Stein
se terminó de imprimir en marzo de 2004 en
Impresora Igamsa, S.A. de C.V.
Venado Nº 104, Col. Los Olivos
México, D. F.